副刊文丛

主编 李辉 王刘纯

编辑丛谈

董小酷 编

中原出版传媒集团
中原传媒股份公司
大象出版社
·郑州·

图书在版编目（CIP）数据

编辑丛谈／董小酷编.— 郑州：大象出版社，
2018.6
（副刊文丛／李辉，王刘纯主编）
ISBN 978-7-5347-9575-6

Ⅰ.①编… Ⅱ.①董… Ⅲ.①编辑工作—文集
Ⅳ.①G232-53

中国版本图书馆 CIP 数据核字（2017）第 296685 号

编辑丛谈
BIANJI CONGTAN

董小酷　编

出 版 人	王刘纯
项目统筹	李光洁　成　艳
责任编辑	管　昕
责任校对	马　宁
封面设计	段　旭
内文设计	杜晓燕

出版发行　**大象出版社**（郑州市开元路 16 号　邮政编码 450044）
　　　　　发行科　0371-63863551　总编室　0371-65597936
网　　址　www.daxiang.cn
印　　刷　北京汇林印务有限公司
经　　销　各地新华书店经销
开　　本　787mm×1092mm　1/32
印　　张　9.75
版　　次　2018 年 6 月第 1 版　2018 年 6 月第 1 次印刷
定　　价　39.00 元
若发现印、装质量问题，影响阅读，请与承印厂联系调换。
印厂地址　北京市大兴区黄村镇南六环磁各庄立交桥南 200 米（中轴路东侧）
邮政编码　102600　　　　　　　电话　010-61264834

"副刊文丛"总序

李 辉

设想编一套"副刊文丛"的念头由来已久。

中文报纸副刊历史可谓悠久,迄今已有百年。副刊为中文报纸的一大特色。自近代中国报纸诞生之后,几乎所有报纸都有不同类型、不同风格的副刊。在出版业尚不发达之际,精彩纷呈的副刊版面,几乎成为作者与读者之间最为便利的交流平台。百年间,副刊上发表过多少重要作品,培养过多少作家,若要认真统计,颇为不易。

"五四新文学"兴起,报纸副刊一时间成为重要作家与重要作品率先亮相的舞台,从鲁迅的小说《阿Q正传》、郭沫若的诗歌《女神》,到巴金的小说《家》等均是在北京、上海的报纸副刊上发表,从而产生广泛影响的。随着各类出版社雨后春笋般出现,杂志、书籍与报纸副刊渐次形成三足鼎立的局面,但是,不同区域或大小城市,都有不同类型的报纸副刊,因而形成不同层面的读者群,在与读者建立直接和广泛的联系方面,多年来报纸副刊一直占据优势。近些年,随着电视、网络等新兴媒体的崛起,报纸副刊的优势以及影响力开始减弱,长期以来副刊作为阵地培养作家的方式,也随之隐退,风光不再。

尽管如此,就报纸而言,副刊依旧具有稳定性,所刊文章更注重深度而非时效性。在新闻爆炸性滚动播出的当下,报纸的所谓新闻效应早已滞后,无法与昔日同日而语。在我看来，唯有副刊之类的版面，侧重于独家深度文章，侧重于作者不同角度的发现，才能与其他媒体相抗衡。或者说，只有副刊版面发表的不太注重新闻时效的文章，才足以让读者静下心，选择合适时间品茗细读，与之达到心领神会的交融。这或许才是一份报纸在新闻之外能够带给读者的最佳阅读体验。

1982年自复旦大学毕业，我进入报社，先是编辑《北京晚报》副刊《五色土》，后是编辑《人民日报》副刊《大地》，长达三十四年的光阴，几乎都是在编辑副刊。除了编辑副刊，我还在《中国青年报》《新民晚报》《南方周末》等的副刊上，开设了多年个人专栏。副刊与我，可谓不离不弃。编辑副刊三十余年，有幸与不少前辈文人交往，而他们中间的不少人，都曾编辑过副刊，如夏衍、沈从文、萧乾、刘北汜、吴祖光、郁风、柯灵、黄裳、袁鹰、姜德明等。在不同时期的这些前辈编辑那里，我感受着百年之间中国报纸副刊的斑斓景象与编辑情怀。

行将退休，编辑一套"副刊文丛"的想法愈加强烈。尽管面临新媒体的挑战，不少报纸副刊如今仍以其稳定性、原创性、丰富性等特点，坚守着文化品位和文化传承。一大批副刊编辑，不急不躁，沉着坚韧，以各自的才华和眼光，既编辑好不同精品专栏，又笔耕不辍，佳作迭出。鉴于此，我觉得有必要将中国各地报纸副刊的作品，以不同编辑方式予以整合，集中呈现，使纸媒副刊作品，在与新媒体的博弈中，以出版物的形式，留存历史，留存文化，便于日后人们借这套丛书领略中文报纸副刊（包括海外）曾经拥有过的丰富景象。

"副刊文丛"设想以两种类型出版，每年大约出版二十种。

第一类：精品栏目荟萃。约请各地中文报纸副刊，挑选精品专栏若干编选，涵盖文化、人物、历史、美术、收藏等领域。

第二类：个人作品精选。副刊编辑、在副刊开设个人专栏的作者，人才济济，各有专长，可从中挑选若干，编辑个人作品集。

初步计划先从20世纪80年代开始编选，然后，再往前延伸，直到"五四新文学"时期。如能坚持多年，相信能大致呈现中国报纸副刊的重要成果。

将这一想法与大象出版社社长王刘纯兄沟通，得到王兄的大力支持。如此大规模的一套"副刊文丛"，只有得到大象出版社各位同人的鼎力相助，构想才有一个落地的坚实平台。与大象出版社合作二十年，友情笃深，感谢历届社长和编辑们对我的支持，一直感觉自己仿佛早已是他们中间的一员。

在开始编选"副刊文丛"过程中，得到不少前辈与友人的支持。感谢王刘纯兄应允与我一起担任丛书主编，感谢袁鹰、姜德明两位副刊前辈同意出任"副刊文丛"的顾问，感谢姜德明先生为我编选的《副刊面面观》一书写序……

特别感谢所有来自海内外参与这套丛书的作者与朋友，没有你们的大力支持，构想不可能落地。

期待"副刊文丛"能够得到副刊编辑和读者的认可。期待更多朋友参与其中。期待"副刊文丛"能够坚持下去，真正成为一套文化积累的丛书，延续中文报纸副刊的历史脉络。

我们一起共同努力吧！

2016年7月10日，写于北京酷热中

目 录

学会等待，也是一种进步

忘不了的几匹"马"	3
种子正在发芽	6
生活的血肉	9
时髦不能跟	12
结论是很危险的东西	15
"成功"令人担忧	18
等你喜欢	21
把读者当侦探	24
开启内在的生活	27

守望一片文字的田野	30
"假如我同菜花结为夫妻"	35
爱茶以乐	39
听《幽兰》读孔子	42
直线加方块的魅力	46
爱茶的一种态度	49
自然中的节奏	53
字里秋味浓	56
认识一株草	60
摸一摸时间的皱纹	64

谁耐得住，就更可能留得下

记住乡愁不意味着抗拒城市	71
做好普通人	74
阅读与传承	77

"沉下去"是颗生机勃勃的种子	80
言岂非心声	83
曹丕的"不朽"	86
为文学寻找生活的答案	89
谁的故事不曾讲述	92
关于想象力的期待	95
"尴尬症"的创新药	98
我们在"遇见"什么	103
星火因何恒久	106
抒情有度	109
笔名的奥秘	112
珍宝总是珍而稀	115
"引用"莫只图便利	118
文学报刊的"色彩"	121
文章里的精神	124
遍地写作者	127

行万里路,不妨从脚下迈开第一步

感谢文字	133
故乡是条流动的河	136
熟悉的地方依然有风景	139
重拾敬畏	142
张扬个性	145
若以"初心"待写作	148
由"不讲究"想到的	151
"文艺腔"与"烟火气"	154
"物各有短长"	157
那些穿越了时间的文字	160
当古筝遇到琴弓	163
腊月的味道	166
不变的仍是热爱	169

总把新桃换旧符	174
春天,"种"下一把椅子	177
垒稳每一级台阶	180
在路上	183
山雀子衔来的江南	186
走出去"看世界"	190
文章的"样子"	193
"混搭"之于"颜值"	197

心无旁骛,写好"这一篇"

"纯粹"的力量	203
大过年的	206
说"鸡汤"	209
所有人的儿童节	212
说"失敬"	215

看重"这一篇"	218
安静的能者	221
"罔"与"殆"	224
达则独善其身	227
"不变"的又一年	230
在两难选择之间	233
当我们谈论编辑时我们在谈论什么	236
入耳入心的秘诀	241
亭亭如盖之文	244
飞越虚空的翅膀	246
"心诚则灵"	249
阅读是最长情的纪念	252
"磨剑"与真诚	255
写长还是写短	258
"遇见"一朵花的方式	261
危险的"行活儿"	264

诚意之作，慢和时间都是必须的

慢工里的匠心	269
常是细节动人心	272
典型诚可贵	275
留住手书的味道	279
轻笔的力量	283
让口味杂一点	286
后记	290

学会等待，也是一种进步

每一段光阴都有不可替代的价值，就像北方的冬天，寒冷、静寂，却恰可以让种子更有生命力。而每一个文字，都是一粒种子，每一粒种子都带着它的使命而来。

忘不了的几匹"马"

这个甲午马年,有三匹老"马"让人印象深刻。其中"两匹"是百岁老作家马识途和他一百零三岁的哥哥马士弘。另外"一匹"是九十七岁的漫画家方成。方成之所以也被称为老"马",因其属马也。

马年读"马",感慨其"真"。马识途与其兄马士弘,在马年出版了各自的百岁回望。马识途的叫《百岁拾忆》,马士弘的曰《百岁追忆》。两本书相互映照,不禁让人感慨人世沧桑,沉浮莫测。兄弟二人,生于书香之家，长于战乱之中。自幼同食同寝，同游同乐，同读古籍，同聆家训。及至青年，眼见强敌侵略，民族危亡，兄弟二人投笔从戎，一个考入军校，参加中国国民党；一个考入大学，投身革命，加入了中国共产党。国共兄弟，走的虽不是一条路，但血肉相连，兄弟情深，殊途同归。而今共逾百岁，共同追怀往事，佳话难得。

两匹老"马"，在这个马年各自留下了一段真切的历史记忆，一份真诚的人生感悟，这"真"令人难忘。回望如烟往事，马识途说："好像从幼年发蒙到风烛残年，我一直是在走路，一直在为寻找什么而走路。到底要寻找什么，找到没有，我自己也没有弄明白，空有一个识途老马的名字。"但可以确定的是，这是一本"说真话的书"。真话虽然不一定是真理，"但发自内心的真话，总比那些喧腾一时的假的'真理'要好"。

马年访"马"，感怀其"善"。因为编辑部岁末重访文化大家的一个选题，我去拜访了漫画家方成。20世纪80年代，他的"武大郎开店"等一系列鞭笞丑恶、针砭时弊的漫画作品风靡全国，成为新时期讽刺漫画艺术的经典之作。一生坎坷的方成，总能以幽默的智慧，几笔即勾勒出让人会心一笑的画面，如棉裹铁，批判与讽喻尽在不言中，呈现出另一种"真"。总结近百年的人生，他只强调两件事，一是"要有自己喜欢的事做"，二是"永远保持善良的心"。那一刻，窗外的冬阳，在清冽的北风中明媚透亮，就像淘洗沉淀过后的岁月。他的目光望向极远处，不断重复着"有一颗善良的心，才不会做坏事"。一个"善"字，让方成心无挂碍，通透明亮，笔健身安。

又一轮新岁之际，虽"历尽沧桑，然而初志未改"，"眺望着朦胧的理想彼岸，还要继续走下去"的老"马"们，蹄声依旧响亮——在他们的岁月里，在我们的心头上。

（2015年2月2日）

种子正在发芽

副刊编辑常要面对的一类稿件是"时令稿"。没错,蔬菜瓜果分时令,稿子也有时令:四季时节,春花秋月,夏雨冬雪,循环往复。但是因为有不一样的作者,便有了不同的书写,不同的感悟,相似的多,独特的少,编辑的一大任务便是从中努力去寻找和"发现"。最近,因为看了太多抒写春意的稿子,反而让我拿起了一部古代农学名著——《齐民要术》。

在这个春天里,关于种植与饲养,这些与我们日常饮食最息息相关的事,把我的目光从烂漫的春花、青青的翠柳拉回到脚下的土地,土地的温度、湿度,以及土地里正在发芽的种子。此刻农田与山野里正在生长着的,正是我们习以为常但却供养了我们的恩物。

随便翻一页,你的头脑就不会在空中飘浮,因为这部农书最泥土、最朴素、最结实,也最长见识。

比如看"种薤第二十"。因为到过湖北襄阳的薤山,"薤"字就立即让我的目光停留下来。薤,百合科,俗称藠头,别名小根蒜、山蒜。主产于东北、河北、江苏、湖北等地,可入药,也可炒食、盐渍或糖渍。薤宜种在砂质土壤中,二月、三月种。文中详述了薤的种、锄、掘、移栽等种种技术。《齐民要术》分十卷约十一万字,凡是人们生产生活上所需要的项目,无不记载下来,几乎囊括了古代农家经营活动的所有事项。自宋代以后到近代,《齐民要术》相继有二十多种版本,一代又一代人在传承中不断反复校勘、择善采录,足见对它的看重。关于这部书的资料,作者在自序中说:"采捃经传,爰及歌谣,询之老成,验之行事。"翻译成白话文就是，有选择地摘录古人文献，采集农业谚语，寻访群众经验，注重实践检验。这是件非常了不起的事，也恰是它的价值所在。

"齐民"之意就是平民百姓，"要术"是指谋生的重要方法。作者贾思勰，南北朝北魏人，史书中没有他的传记，文献里也没有关于他的只言片语。但是，一部《齐民要术》却成为世界农学史上最早、最有价值的名著之一。我无意推荐阅读此书，因为如若不是专门研究者，恐怕少有人能看得下去。我想说的是当我只是粗略地翻过它之后，心底里便生出感恩与敬意：关于土地，关于土地上的生产和劳动者们，关于土地上生长着的供养了我们生命的一切。

春天，不只有赏花，还有种子正在发芽。

（2015年4月13日）

生活的血肉

有一天傍晚,下班时间已过,工作平台上已经寥无几人。不知怎的,几个年轻编辑忽然把话题就落在了咖啡上。他们叽叽喳喳地议论着卡布奇诺、拿铁和摩卡的区别,不知道角落里还坐着一个没走的老编辑。我听着他们依旧未解的疑惑,几乎要过去好为人师一把了。我按住了这个冲动。咖啡的区别,终究还是要靠自己亲自去品的。

我曾经以为,在物质丰富、资讯发达、遍地都是咖啡馆的大都市里，年轻人可能早已跨过了我们当年对新鲜事物的摸索阶段，直接晋级为咖啡达人了。殊不知，世界变化再大，食物种类的变化并不大，人们成长与饮食节奏的变化也不大，对食物的认知与体验，无法像获取资讯那样全面快速，毕竟，饭还是要一口一口地吃。

这就是生活，无法跨越，也无法省略，它远远地走在我们前面。

又想起了作家和文学。在资讯满天飞，"思想"到处有的今天，生活反而成了对作家的考验。我们的生活相比二三十年前，不知丰富了多少倍，但是，生活的匮乏，却也令不少作家成为跛足的作者。浮光掠影的简单描摹，似是而非的浅层思考，让读者不解渴，让观者难满足。认识、感受、理解、洞察、表现，作家对生活的眼光与看法，无法速成，也无法跨越、省略这些丰富的层次，就像感官与头脑，血肉与思想，无法剥离。当满纸概念化的思想挤走了生活的血肉，飘浮的"灵魂"也就一点点地风干了。

怎样生活，怎样看待自己的生活、认识自己的生活，又怎样看待他人的生活、认识他人的生活，始终是一个大问题。因为生活本身就隐含着思想，一个人的生活也隐含着他的价值观。生命与生存，人性与人心，灵魂与血肉，尽在生活里。

几个年轻人雀跃着离开工作平台，不再谈论咖啡而先去寻找美食了。剩下一个老编辑默默地感慨：路还长，咖啡馆很多，且行且品味吧。

（2015年6月15日）

时髦不能跟

在很长一段时间里,我曾一直耿耿于怀,为什么那么多报纸把文化和娱乐混在一起,名曰"文化副刊"。我无意看轻娱乐,只是对无处不在的娱乐文化与时髦话题表达一下虚弱的无奈,只是在阅读的"自我保护"上忧虑一下趣味的滑坡。

在出版业十分发达、资讯铺天盖地的当代社会,建立并坚持自己的阅读趣味,可谓不易,甚至要常常保持一种警觉。胡适对做学问的要求是要像孟子说的,"富贵不能淫，贫贱不能移，威武不能屈"，除此之外，他还加一句"时髦不能跟"。他认为做学问最忌跟风。阅读又何尝不是如此？周围的人都说好，大家都在谈论，大有"非读不可"之势。此刻，单是虚荣的诱惑就足以让人难以抗拒，因为感觉不读不看，自己就OUT（落伍）了。这时候如果还能有所坚持就真的很不简单，甚至值得尊重了。

之所以这么说，并不是拒绝以开放的心态对待阅读，而是深感养成独立趣味之必要。生活中，我们常常感到相似的人多，独特有趣的人少，从根本上说，是有独立审美趣味的业余"学问家"太少的缘故。相似的教育背景，相似的专业训练，甚至太过相似的阅读体验，带来了太多的相似，恰恰缺少了独特与不同，让人在交流中难有收获。这样的相似，往大了说，从长远看，会影响一个民族的整体素质和创造力。

当然，独立的趣味与广博的审美并不矛盾。特别是作为副刊编辑，编辑的修养、眼界、趣味，直接影响着副刊的"成色"。虽说报纸副刊不是深度阅读的天地，副刊所刊发的作品也未必符合每一个编辑的趣味，但它却是通向深度阅读的引领者和线索提供者。它让人安静下来，沉淀下来，不过于追求有用，而是体会无用之用、过程之美，对人类、对历史、对艺术、对人生保持广泛的兴趣，保持心境的洒脱，保留心底的温润。这样丰盈的精神生活常常是在某种孤独中实现的，而不是在热闹中获取的。时髦的东西多了，会热闹一时，引人关注一时，但长久来看，恰恰丢掉了自己的根本。

当下，社会和生活的急剧变化，似乎人人都感受着自我认识、自我认同的危机，人人都急于确立自身的存在感、参与感，急于证明自己能把握某种潮流，甚至引领某种潮流，这几乎成为一种认真而普遍的焦虑。我想这恐怕是诸多名曰"文化副刊"的副刊无法放下时尚与时髦话题的内在原因吧。而在我个人的阅读体验中，也曾有过随潮流的脚步去追逐，为炫目的表达而惊叹，被动人的文采所折服的经历。终于有一天，我发现，热闹与繁华过后，真正能留下来成为值得你信任的"朋友"的，恰是那些朴实无伪、与心灵相契的文字，它让你身心舒展、灵魂自由。

时髦不能跟，自己不能丢。

（2015年7月27日）

结论是很危险的东西

即便是在散文作品里,我们也常常能看到四处散落的掷地有声的结论性语言。说实话,每每这时,我都会手抖心惊,格外小心。

哪怕已经人到中年,也不得不承认,我们依然会为某些事情而纠结,因为我们总是惯性地要去寻找一个认为绝对正确的东西——虽然明知道非黑即白的世界观是很孩子气的。在一个过程中以谦卑之心、以常识之眼不断感受和认知这个世界,哪怕浅显,似乎也强过一些看似气势非凡的"一锤定音"。

因为结论是很危险的东西。源于政治的、社会的、历史的、人性的，各种结论穿越时间空间来到我们面前，改变着我们对世界的态度，然而那些质疑与反思的认知方法，却并未结伴而来。这么说，不意味着陷入不可知论，而是要慎重对待结论，尤其是那些明显缺乏逻辑支撑的臆断的结论。

英国历史学家保罗·约翰逊有一本书，叫《现代》。他认为现代世界是从1919年5月29日开始的，因为这一天，人们拍下了日食照片，证实了爱因斯坦的广义相对论。此前统治世界几百年的牛顿经典力学，在新理论面前低下了头。相对论从此闯入人们的头脑，它不仅影响了人们对世界进程的看法，也修正了人们对宇宙的认识。可见，源于科学的结论也在不断演进。

文学不同于科学。好的文学作品应该致力于提供、还原或开掘文学本身的丰富性，让人在丰饶的感知中去领悟，而不是武断地得出结论。就像莎士比亚笔下那些矛盾复杂的人物，天使与魔鬼时隐时现，互相冲突，才能与邪恶、天资与情欲相互作用。在一定的情势下,善良变成了软弱,高尚可以走向邪恶。而美国心理学家菲利普·津巴在莎翁之后400年,通过斯坦福监狱实验才正式宣告,在特定的情境中,好人可以变成恶魔。这就是人的复杂性,世界的复杂性。单向度的对善的追求与歌颂是美好的,而承认善恶交织的复杂性,则是沉重的。但是,不断追索那些湮没于个体成长深处的变因,努力探寻生活表层之下的根须,这个过程对作家而言也是令人激动的。

有人说,倘若一个一向自信的人忽然不那么自信起来,那他多半是陷入了恋爱,开始小心翼翼,总担心自己哪里不够好。如果一个热爱写作的人,与文学谈一场这样长长久久的恋爱,并总担心自己哪里不够好,我以为,倒是很好的。因为时下,在文学的世界里意气风发、自信满满、言之凿凿的人不少,虔敬自制、谦卑勤恳地在不被看重的常识里开掘的人,太少太少。

(2015年8月17日)

"成功"令人担忧

最近,高中同学建了一个微信群,在群里大家感慨与叙旧,很是热闹。其间,自是少不了中年人惯有的节目:晒出各自得意的人生"作品"——孩子。这些被晒出来的"作品"几乎毫无悬念地或帅或美,我相信也一定堪称优秀或成功,值得父母为之骄傲。

看过之后,我却很不合时宜地想起两年前无意间读到的一部令我感到沉重的小说。这本小说被出版社冠以"校园成长励志小说",卖点是"00后小女生在11

岁时创作"。书中的人物虽性格、家境各异,但都是成绩优秀的好学生。他们在小升初之际,个个不负众望,都考上了令人艳羡的好学校。然而,书中给我留下深刻印象的却是三个女孩子的焦虑与恐慌,在激烈的竞争中,她们承受着巨大的心理压力,忍受着内心深处的痛苦孤独。作者细腻的笔触(比如暗藏利刃准备自杀,或者在荡秋千时希望自己能就此飞出去)看了让人心惊又心痛,那么早那么小就体会和经历堪称惨烈的角逐,这甚至令我生出了很极端的疑问,这是教育吗?这简直就是残忍的伤害!

教育的话题,实在太大也太沉重,教育的过程所指向的对"成功"的全力追逐更令人担忧。我甚至常常担心那些一路走来一直"成功"的孩子,他们的情感发育是否健全,他们的生活能力是否够强,他们对爱的感知是否正常,因为我总担心他们一路上过多地体会了惊恐与焦虑、竞争与获取,而不曾体会挫折与失败的磨砺,也较少感受轻松与明澈的心境。这样缺少弹性的心灵会不会犹如一列高速列车,奔驰着成为另一种文明而又"野蛮"的力量——忘却了生活的本意，忘记了爱，眼里只有战斗？

回到文学。我至今还记得这部小说腰封上的一些文字，"尖子生""小升初""被名校录取"，充斥着对成功的夸耀与喜悦，对辉煌的诱导与激励——这几乎是全社会的主流思维。问题是，当文学或者文学出版物竟把目光停留在这样的"主流"上时，文学的意义又在哪里呢？

（2015年10月19日）

等你喜欢

别误会,这个题目无关爱情。

日本作家太宰治有本小说叫《斜阳》。作品中有一段写毛线颜色的细节让我难忘。"织着织着,我发觉这种浅色的牡丹紫毛线,同晦暗的雨空融汇在一起,产生一种难以形容的轻柔而温馨的色感。我不懂得 costume 必须同天空的颜色调和一致。我对这么重要的事情一概不知。调和,这是多么美丽而高雅的事啊!这是一种令人颇感迷惘的形式。晦暗的雨空和浅淡的牡丹紫的毛线，二者组合在一道儿，双方同时洋溢着青春的活力。……母亲深知这种浅色的牡丹紫和冬季的雪天将达到多么完美的调和，所以才特别为我挑选的，而我却愚蠢地加以厌弃。但是，母亲并不强制作为孩子的我，而是等着我自己喜欢。就这样，一直等了二十年我真正喜欢这种颜色为止。其间，她对这种颜色从未做过一个字的说明，只是默默装作无所谓的样子等待着。"

阅读就是这样迷人有趣，你看到某一段落，某一细节，被深深打动，然后忍不住感叹，继而浮想联翩，及至感悟良多。我的题目就是从这里冒出来的。

等你喜欢。简单的四个字，做到却并不简单。因为这里贯穿了耐心等待的时间"成本"、父母殷切期待的心理"成本"，还有最后万一你不喜欢的结果"成本"。所以等待仿佛变成了一件有"成本"的事——特别是爱心急切，时刻唯恐孩子输在任何一条"起跑线"上的中国父母。君不见，有多少孩子，因父母怕孩子错过最佳学钢琴的年龄，从小被"押"至学琴的课堂，等考过"级别"之后，却再也不去触碰琴键……等你喜欢，等你成长，等你慢慢懂得，等你逐渐理解，这才是最深沉的爱，这才是对成长的尊重，对孩子的尊重，也是对这个世界的尊重。因为，他的确有可能长大了也不喜欢，而且他有权利不喜欢。

总是要绕回文学。今天的文学，特别是严肃文学，时不时充满了焦虑——不被关注的焦虑、总觉得被关注不够的焦虑。而学界对浮泛的娱乐迎合之气的厌弃，似乎也焦虑成另一种浮躁。有人说，东方文化的精髓之处乃静，西方文化的特质为动。前者是吸引你来到它的面前，后者是把它推到你的面前。这样的总结未必全然准确，但的确形象。在全球化的当下，东方文化也在不断地"走出去"提升自己的影响力，而"影响"这件事本身，需要时间，也需要过程。文学更是如此。放下焦虑，等你喜欢，是从容，是自信。寂寞便归于寂寞，冷清便惯于冷清，也许在等待中恰可以淬炼出一份高贵的精神，或成就一部经典，因为能给灵魂带来震颤的文字，无不经历过时光的淘洗。

学会等待，也是一种进步。

（2015 年 11 月 9 日）

把读者当侦探

有一次跟一位女作家聊天,谈起她的新作,她不无感慨地说:写作者要把读者当成侦探才行啊。彼时她新出版了一部长篇小说,第一版刚印出来,便有读者给出版社写信,指出了其中常识性、见识性的错漏与疏忽,令她感佩不已。当然,在后来的再版中,这些错漏都在书中进行了修订。

得把读者当侦探,这的确是不少小说作者的姿态。小说是虚构的,但虚构的情节是在一个琐碎而真实的生活场域里发生的，因而小说的写作要消耗掉大量生活经验的积累，甚至还要在写作的过程中有意识地去补充远远不够的生活素材。而众多的读者恰是生活在各自熟悉的场域当中，他们见多识广、常识丰富，不但深谙生活之道，而且对生活的体察细致敏锐，写作者任何一个疏忽，都逃不过读者侦探般犀利的眼睛。

其实，不光是小说的写作者，各种类型的写作者，都应该有这样一种态度。把读者当侦探，说白了，就是尊重读者。这让我想起叶圣陶老人。叶圣陶编辑思想的核心是一切为了读者。他一再强调，编辑眼中要有读者，作为一个编辑，在编书前要"为读者着想"；作为一个作者，在"写作之前为读者着想，写作之中为读者着想，写完之后还是为读者着想。心里老想着读者才能凭借写在纸上的文字，把自己的思想和感情传达给读者，与读者交心"。今天看来，叶圣陶的主张依然是很现代的，他的"为读者着想"并不是迎合读者口味，而是一种严谨的编辑态度和谨慎的写作态度。要把自己的姿态放低，不能糊弄读者，更不能把读者当无知。今天的读者,可以说眼界与智慧、见识与思想,常常有高出编辑、作者之处,常怀这样的敬畏心,于编、于写,都善莫大焉。

编辑是作者与读者之间的一座桥梁,也是作品的第一读者。身为编辑,对那些想到就敢写,下笔即敢评的"勇敢"的写作者,是保持着极大的警惕心的。而对于那些老老实实的写作,那些扎扎实实的功夫,那些精益求精的细节推敲,那些锱铢必较的探幽析微,相信编者、读者都能感受得到。

把读者当侦探,是一种态度。在此,我们与作者共勉。

(2015年12月9日)

开启内在的生活

走在街上，我喜欢浏览各类橱窗。我发现，那些能吸引我、打动我的橱窗设计，常常嵌入了自然的元素，比如，几块石头、几根树枝，各样花卉、果实、种子等。无论是要装点与陪衬哪一类商品，用心的设计师总能运用一些自然的元素来打动观者的内心——这不仅是一种审美上的巧思，更因为我们的内在本就源于自然。无论我们如何跌入这物质世界的汪洋大海，我想，我们真正的内在总有一些不变的东西，那就是对朴素与自然的向往与回归,哪怕我们已经忽略乃至遗忘。

人会有那么多不快乐,常常是因为忘掉了朴素与自然,太过关注"没得到"的。我们很少想过,那真是自己想要的吗?是构成自己理想生活的必要元素吗?每天一起床,到底要去追求哪些"最想"的?这个看似简单,其实最难。因为我们常常不善于叩问自己的内在。

岁末年初,是整理回顾的时段,也是憧憬规划的契机。汰旧布新固然可贵,设定目标也很值得敬佩,但提醒自己坚守内在,甚至筑牢我们的内在,更加不易,因为现实的洪流裹挟着太多坚硬的"价值观"时不时冲击敲打得人疼痛不安。

我们内在的生活,是无法用GDP(国内生产总值)衡量的东西,却是文学要去探究的东西。这个无法妥协无法躲闪掉的"内在",甚至更多地左右了我们快乐不快乐、通达不通达、轻松不轻松。今天的社会,好像选择越来越多,各样的趣味,各样的穿着,各样的流行,但实际上人们本质上选择更多的还是同样"主流"的东西。只有不断拷问自己、质疑自己、批判自己,我们才有可能慢慢变成自己希望的样子。但倘若混沌中陷入某种习惯的陷阱，在一天一天平淡的日子过后，我们可能会变成我们不希望自己成为的样子。因为失去很容易，恢复与建设总是很难。

新年伊始，让我们从开启内在的生活开始，好好关爱自己，不断地充分地了解自己——我们的所思所欲，我们的灵魂与梦想。了解自己，才会内生出勇气，也才会储备好勇气，去承受去接纳因与众不同的选择所带来的种种压力。

（2016年1月4日）

守望一片文字的田野

文字也有四季,有的温煦如春,有的浓烈似夏,有的冷峻若秋,有的犀利犹冬。于是四季的文字组成了一片片文字的田野,我们有时用春搭配了秋,把夏许给了冬,有时又让春交织了夏,冬延续了秋。文字的田野里,四季变换,花儿绽放的笑脸、草木生长的气息、大地静默的凝思、云天飞扬的旋律,这一切,一个字一个字地长成了诗行、织就了篇章,<u>一丛丛</u>,一茬茬,生生不息,扎根大地。

我们就像是这大地上的农人，在文字的四季里穿越奔波，守候守望，既有四顾茫然的焦灼，也有满怀期待的喜悦。

春天登场时，引来的总是希冀。大地解冻、泥土酥软，地面隐约开始返青，柳枝泛出鹅黄，燕子雨中斜飞，所有的生命都在被唤醒……而在夏天的阳光里，炎热仿佛把生命力张扬到极致。放眼皆是无边的生长，四处弥漫着浓郁鲜艳的气息，云是鼓胀的，雨是滂沱的，连奔腾的河流都热情洋溢；秋天呢，忽然间就从容澄澈起来，天高云淡，仿佛走过了青春期，稚嫩多汁的张扬，转换成了坚硬内敛的沉实，收获的喜庆将夏日的茂盛延展成一种叫作成熟的感觉，所有的果实都开始心怀敬意地注视着大地，哪怕它还挂在高高的枝头。

而我最喜欢的是北方冬天的大地。河流封冻，草木歇息，卸去了一切装扮，此时的大地开阔、静寂，没有了春的喧闹，夏的急切，秋的盛誉，只有宽广和朴素，可以好好地端详它，感受它。

北方的冬天不大好过，天寒身冷，行路瑟瑟。最冷的部位要数鼻子，因为鼻子是呼出热气与吸入冷气的交换站，一呼一吸之间，敏感的鼻子总是最先感知外界的温度。凛冽的北风让迎风的行者张不开嘴喘不过气，让背风的路人踉踉跄跄缩头耸肩，若遇上漫天冰雪，真是冻得人神清目明冰心一片，恨不得抛下一切欲念，只奔向一个字：暖。

冬天的街道上，树木变得孤零零的，哪怕是成排的树木，此刻也是一棵棵孤零零的感觉，它们各自专心地对抗着寒冷而顾不上彼此。没有了叶子的簇拥和修饰，枝干的轮廓就完全暴露在冷空气中，有的依然挺拔俊朗，在寒冷中更见风骨，有的则歪歪扭扭，在寒风中愈发萧瑟，显出没有发育好的底色来。冬天的河流与湖泊，都被厚厚的冰层封住了，听不到流淌也看不见涟漪，坚硬的冰盖子就像巨人的一副坚固铠甲，任由小人国里的人们在它身上嬉戏。而冰层下的世界，水深流静，鱼儿依旧畅游。冬天的田野让人真切感受"辽阔无垠"这四个字，庄稼早已收割，光秃秃的大地上，积雪与黑褐色、黄褐色的土壤杂驳在一起，苍凉而寂静。

它裸露的肌肤上，似乎每一寸都写着一个孤单的"冷"字。不仅地上冷，天空似乎也是写着"冷"字的，云彩总是少见，偶尔朔风刮过来几片薄云，总让人联想到单薄的衣衫，觉得那云也是穿少了。这充斥在天地间的空旷与寒冷，这满眼的凋零与荒芜，容易让人想到贫穷，是的，一无所有的贫穷，大地上什么都没有了。人们喜欢丰足，没有人喜欢贫穷，也许正是这个原因，喜欢冬天的人总是不如喜欢春天的人多。

可是，这又何尝不是大地放下一切，将自己清零后的一种回归？这又何尝不是另一种更深厚有力的丰满与富足？这寒冷之下，这干干净净的"贫穷"过后，当第一株野草开始萌芽，当第一缕暖阳让解冻的河水闪亮，当第一只田鼠从田垄里探出头来向外张望，河床里春潮奔涌，大地苏醒，在料峭的春风里，生长开始了，一切都庄严而生动。

这就是大地，北方冬天的大地，包容一切，又生长一切，养育一切，可以花开绽放草木葱茏，也可以安宁沉寂冰封雪藏。它的朴素里孕育着丰饶的生机，它在艰辛中积蓄着生长的力量。

就要立春了。"溪上谁家掩竹扉,鸟啼浑似惜春晖",春草生芽,万物复苏。我的鼻子似乎早早闻到了就要钻出地面的青草的味道,我的眼睛则依稀看见在文字的田野里,一个个跳跃闪亮的字符正在生长。我期盼那些字符不是在四季花开的温室里安逸地繁荣,我期待它们是从冰封的大地深处穿越寒冷带着对河流与青草的眷恋、带着泥土的朴素与真诚而来。当它破土而出迎接春光的那一刻,我相信,那才是浩荡的生长。

每一段光阴都有不可替代的价值,就像北方的冬天,寒冷、静寂,却恰可以让种子更有生命力。而每一个文字,都是一粒种子,每一粒种子都带着它的使命而来。

又一个春天。我们守望在这片文字的田野上,期待一粒粒饱满的种子。

(2016年2月1日)

"假如我同菜花结为夫妻"

标题是罗马尼亚诗人马林·索雷斯库的诗句。"假如我同菜花结为夫妻 / 那么 / 我将在土里度过 / 最美好的岁月 / 我会抓住菜花 / 最新的叶子 / 并同她讨论她计划生出的 / 未来的叶子 / 当然喽 / 前提是我必须乖乖的 / 乖乖的……"这首看起来像是很萌的爱情诗,其实藏着几分"吐槽"婚姻的无奈,婚姻中的男性,不得不,逐渐朝向妻子"同化",这"同化"的无奈里又呈现出几分温暖的情趣。诗中松鼠要"爬到所有的树上",

以向丈夫们证明——"真正的爱情能将人提升到怎样的高度",而到底能提升到怎样的高度,也许答案就是诗的标题——"荒诞"。

必须承认,我是不够好的读书人。在对"高级理性"的膜拜中,我会常常因为脑力与智慧的不足,无法令阅读一鼓作气地完成,中途常常要"败下阵来"喘息一番,还必定要找些感性舒适的文字来调剂一下,方能继续前进。这一次,庄子充满玄妙哲思的《秋水》,照例令我体会到了行至认知边界的无力感。放下深奥的灵性之思,一句"假如我同菜花结为夫妻"的语境便瞬间抚慰了我劳累的神经,大脑的另一区域也似乎瞬间被点亮激活,玩味一番过后,果然又可以在思辨的丛林中小心突围了。

我不喜欢苦读书。在我看来,除了有特别要求或完成特别工作,或者是在某个特定阶段,其余的阅读都应尽量循着本性依着兴趣,这样才能真正体会读书之乐,并在读乐之外,理出些许学问的叶芽与枝蔓来。如果缺少乐趣,缺少几个有趣的问题逗你去想着它,引诱你去解决它，便很难持续保持一份求学问的热情。而人一旦真正走近学问的枝蔓，更深层次的愉悦感就会开枝散叶，不断壮大，带你进入一个新境界。

我们认知区域之外的领域，何其广大，永无止境。想以有限的智慧探知它的始终与全部，是永远无望的。但极大的世界与极小的世界，并无冲突，反而相依相成。就像至高的道，与身边的一枚菜花一样可以联系起来，也有互相观照的意义。而更多的时候，我们只是直接退隐在了日常的普通经验之中，并以为滴水之见照样可以洞悉大海。其实不然。

在确知的"无望"面前，我们需要的只是一点点向外张望的"学问心""好奇心"。因为有了这哪怕一点点的"学问心""好奇心"，我们面对这浩广无垠的世界就多了一分谦卑与敬畏，就少了几许恣肆与骄狂。在纷扰的喧嚣里，那些无谓的争执，那些轻率的标签，那些不明来处的戾气、不由分说的霸气，也许就会渐渐淡去。这时候，无论是想一想"然则吾大天地而小毫末，可乎"，还是想一想"假如我同菜花结为夫妻"，我们的精神都会一样的逍遥,而我们看待这个世界的目光也将更为单纯祥和。

(2016 年 2 月 29 日)

爱茶以乐

又是新茶上市时。

古人品茗,常伴抚琴。今人喝茶,多半听乐。在聆赏音乐之际,神游茶乡、情闲心宁、忘却凡尘,正是古今同好。

但是,喝茶听什么音乐呢?有人说听古琴、古筝与箫最好。我则随缘。在独自饮茶的一段光阴里,我遇到的是一辑"闲情听茶"之《清香满山月》。作曲家运用排箫、高胡、古筝、琵琶、中音笙、古琴等乐器的不同特性，结合地方音乐的色彩，谱出了别有韵味的茶香乐曲。茶味与乐曲交融，共同唤醒了心底的大自然。制作者将每首乐曲对应一种茶，乐声响起，独特的茶气也仿若即刻随之弥漫。

这个专辑里第一首曲子《从来佳茗似佳人》对应的是国人最熟悉的西湖龙井。这是一首改编的乐曲，素材取自根据日本音乐家热田公纪作品《童年回忆》所改编的《西湖印象》。悠远的排箫声吹奏出中国山水云、霞、风、雾与茶、林、山、石相映成趣的清雅韵致，顿觉心旷神怡，犹入仙境。多年后，有一天我在一家养发馆里护理头发，洗好头发，甫一坐定，那熟悉的已听过无数遍的悠远的排箫声忽然从播放器中传出，我的心仿佛被这意外的邂逅猛"揪"了一下，旧日的时光立刻奔涌至眼前：温润的茶具与茶香，窗外，午后的阳光，暖暖的风，红屋顶与绿树梢，喜鹊从窗前飞过……还有安静的雨，只有春天才有的安静的雨，细密却无声，只听见绿意在杯中滚烫地生长……

音乐与茶赋予一段光阴如此丰富深刻的印记，让人无法不感念创作者的匠心。当圆号声把我带入广袤的草原，小钟琴的琶音让我感受到天穹之下风吹草浪、羊群移动的节奏，而音色浑厚的中音笙不禁让人想起奶茶的芬芳与牧民的豪情；当福建歌舞《采茶扑蝶》的旋律隐约闪现，水声、鸟声、口哨声引人来到春光中的八闽山乡，一杯福建绿的香气开始在齿间流转，而清脆、纤柔的琵琶声，不禁让人遥想采茶姑娘的俏模样；当海潮声、排鼓声和着广东音乐的韵味配合而来，高胡、小提琴和箫相携而至，潮州乌龙茶的甘甜之味就这样氤氲开来，仿佛暑热中透出清凉⋯⋯

"竹下忘言对紫茶，全胜羽客醉流霞。"茶与音乐，都是可以超越语言的一种情感交流方式，能够让二者完美融合、交会进而演绎出一种独具魅力的"听茶"音乐，我想这里不仅仅有音乐家的艺术修养与灵性，更重要的是爱——对平凡生活、对平凡之美，无论何时何地，都抱持着一份爱。

有爱，才会有创造。

（2016年4月11日）

听《幽兰》读孔子

夏日昏昏懒读书。

于是听曲。

可静心凝神的,首选古琴。著名的"老八张"里,第一张第一首便是《幽兰》。

《幽兰》是中国保存下来最早的古琴曲。据东汉蔡邕的《琴操》记载,《幽兰》为孔子所作。这位郁郁不得志的哲人为了实现政治理想,一度离开鲁国,带着弟子周游列国。但孔子的游走并无收获,他的才智未得到赏识，只得返回鲁国。在由卫国返回鲁国的途中，经过一幽暗的山谷，孔子在草丛中见到一株兰花，不禁喟叹："兰，当为王者香，今乃独茂，与众草为伍。"于是下车抚琴，遂成《幽兰》一曲。

这很可能只是个传说。但孔子爱乐喜歌是有记载的，他离开鲁国时便即兴吟唱了有名的《出走歌》，甚至在齐国听到《韶》时发出"三月不知肉味"的感叹。

孔子的一生，在路上是重要内容。他在感受山水时体悟人生，在体悟人生中深思求索，他结合所见、所闻、所感，应答弟子及时人，被记录成集智慧之大成的《论语》。游历归来，放眼天下过后，他又进入另一个"志于道、据于德、依于仁、游于艺"的静宁时期。心随境转，他留下的，都是智慧，简练朴素，诙谐幽默，真实自然。

在《幽兰》曲中你无法不去翻翻《论语》。字里行间，虽听不到孔子的声音，但那古老的音韵，确乎逼近两千多年前的真实，可以体会孔子如何"历其境而得其志"。《幽兰》不但是至今保存下来的最古老的琴曲，它还是世界上最古老的名曲中，至今尚可弹奏的曲目，音调之准确，让人相信它与两千多年前的旋律相去不远。

《幽兰》的谱子1880年在日本被中国学者发现。这卷琴稿据说是唐代的一个抄本，时在590年。之前它已经沉睡了一千多年，直到1884年才终于被编入《古逸丛书》。《幽兰》曲谱前的短序中交代了此曲的演奏传承，说明了每个音调如何弹奏，但并未提及琴弦的定调、节奏和段落。为此，许多音乐家和学者花费了大量的精力，将这部唯一使用"文字谱"的曲谱转换成通用的古琴谱。我们今天听到的版本是古琴名家查阜西、管平湖所作的诠释，目前来说是最好、最可靠的。

今天能听听这样一支幸未遗失的来自两千多年前的曲子，本已是一种幸运。白居易有诗云："琴中古曲是幽兰，为我殷勤更弄看。欲得身心俱静好，自弹不及听人弹。"在这样古老的韵音里，感受孔子那些从时光深处沉淀下来的智慧，一句，一言，恍若看见一位智者在抚琴，在唱和，在言说，在倾听。这样的幸运，又是多么难得，多么珍贵。

《幽兰》的全名是《碣石调·幽兰》。碣，圆顶的石碑，碣石为河北的一座山名。据推断，南北朝时流行碣石舞，碣石调可能是当时的碣石舞曲。曲名之前冠以调名，仅为琴曲所见。《碣石调·幽兰》具有北方少数民族音乐的音调特征，谱序中说"其声微而志远"。

（2016 年 6 月 6 日）

直线加方块的魅力

走进军营，满眼皆是直线加方块：营房排列，战士成行，花草树木整齐如切，内务整理横平竖直。无论是操练还是行进，队列转换，线阵变化，井然有序。

线条与方块，可谓军营独特的风景，也是军营特有的魅力。这风景最撼人心魄的时刻是大阅兵：线条是铿锵的，方阵是壮观的。橄榄绿、天空蓝与浪花白，肩章、帽徽和钢枪，蓝天之下，军令如山，使命催征。一代又一代的将士，一茬又一茬的青春，经炮火，历硝烟，洒热血，献肝胆，出远海，上高原，走戈壁，进深山……他们会聚成线条与方块，把自己锻造成一个勇毅的共同称谓——军人。在这浓缩的直线与方块中，我几乎总是记不清某一位军人的容颜，但我又分明清晰地记得荒袤无人的青藏高原上那一张张因为缺氧而形成的"红二团"，记得西沙岛礁炎炎烈日下皮肤黝黑的一匹匹"黑骏马"，记得冰封雪裹的北疆严寒中一个个呼气成霜的"白眉大侠"；记得那里的歌声、笑声、操练声、军号声；记得他们的寒暑不惧、摸爬滚打，记得他们一身英武、百炼成钢……他们是那样生动，可是一旦聚集起来，他们便成了一个个"点"，融入"线"与"块"中。这"线"与"块"中熔铸了一代代军人浓浓的战友情、家国爱，在日复一日的队列转换、线阵变化中，他们成长、升华，体会牺牲、担当，体会无畏、荣光。在军人的眼中，直线与方块，是军营里最美的图形，那是一代代军人的滚烫化身，是烽火岁月的传承凝练，是写满忠诚的热血诗行。

又一个"八一"。又想起那些直线与方块，想起陆地、天空、海洋中那一张张生动的脸。今天,我们要向那里的每一位战士,也向每一位老兵,深深地,致敬!

(2016 年 8 月 1 日)

爱茶的一种态度

一本好书,总是脉理鲜明,直抵内心。在北京闷热的三伏天里,案边这本素净的《茶书》,可谓一扫夏日昏沉,带来澄明开阔。

《茶书》诞生于一百一十年前的1906年,是日本文化大家冈仓天心在美国波士顿用英文写就,向西方介绍东方茶道文化的一本小书。这本小书只有一百来页,出版以来却不断重印,除了各种英文版,还有德文、法文、瑞典文等多种版本流传世界,影响巨大。

一本小小的茶书，何以能历久弥香？因为这本简约如诗的文字，除了勾勒出茶史脉络，更重要的是探索茶道的核心精神，甚至被称作是东方文化面对西方的"答辩书"。作为美术家的冈仓天心，借由茶、茶的流派、道与禅、茶室、艺术鉴赏、花和茶人，生动演绎了东方文明的唯美精神。在西方工业文明的大潮中，他痛切地感到："现在人们对艺术多是抱有表面的热烈，并非基于真情实感。在我们这个民主的年代，人们往往随波逐流，盲目追求流行，从不考虑自己的感觉。他们崇尚奢华而非精美；追求时髦却忽视美丽。"甚至"我们正在摧毁生命中的美"。而面对西方的误解与不理解，他几乎是大声地发出"不能在自我伟大中感受渺小的人，也容易忽视他人渺小中的伟大"，直问："西方什么时候才能理解，或者试图理解东方？"一百多年后的今天，这"质问"与"答辩"依然振聋发聩，发人深省。他所提倡的亚洲价值观应该对世界进步做出贡献，依然是一个醒目的话题。

茶的故乡在中国。茶在唐代首先传入日本，后又传到印度和中亚地区，17世纪远销至欧洲各国，从此成为全世界的饮料。然而，舌尖上的味道可以相通共享，文化上的阻隔依然是全世界面临的一道难题。茶传入日本八百年后，在日本演化出"和敬清寂"的茶道，并把禅学融入茶事中，晋升为一门生命美学，而且由此提出以东方精神抗衡西方的物质与机械。这样强烈的文化观点，不是通过激烈的论争，而是通过美的示范来细腻传递：茶室的简单纯粹里是优雅的微光；欣赏艺术时的心心相印是何等珍贵；花草植物应该怎样被呵护敬惜；而茶人对于美的贡献，则是在生命的最后时刻也要充盈着极度的美感，与美同生，与美同死。《茶书》的结尾，是冈仓天心以"千利休的最后茶会"作结，美，走向了决绝悲壮的生命境界。

译者在后记中写道："据说，千利休在最后的茶会之后，还用竹子做了一把称作'泪'的茶勺，送给最后陪伴的弟子。无须考据，'泪'是否还驻留人间，这不重要。重要的是这个故事，还有如泪一般的茶心，会在每一位茶人的内心回荡。"而一颗如泪般的茶心，是否正是我们今天遗失了的东西呢？

文化人的态度，决定了文化的高度。不能不说的是，《茶书》有好几个中文译本（多译为《茶之书》），作为一个挑剔的编辑，一个爱茶的读者，这个译本是我最喜欢的。这不仅因为译者谷泉先生深厚的专业功底呈现在文本上的凝练优雅、严谨节制，更是因为我在字里行间看到了译者鲜明的美学态度与美学追求，还有那颗炽热而又理性的中华传统文化之心。

《茶书》，爱茶人不能不读。它不仅是一本茶书，它还是一种态度。

（2016年8月8日）

自然中的节奏

最近出差在村里住了两宿。时值初秋,溽热渐退,打开窗子,听着外面的河水声、虫鸣声,既踏实又安稳,很快怡然入梦。

据说,从声学理论上讲,大自然中的一些声音,如雨声、流水声、虫鸣鸟叫声、风吹树叶声、浪打礁石声等,都属于白噪声,而机器声、马达声等则叫有色噪声。白噪声是一种具有治疗功效的声音,能够帮助人类放松身心,提高睡眠质量。人们都知道舒缓的音乐有助眠的功效，那大自然中的这些声音为什么也有助眠的功效？难道这些声音与音乐有什么内在的联系吗？不错，翻翻典籍，就是有。《吕氏春秋·大乐》篇说："万物所出，造于太一，化于阴阳。萌芽始震，凝寒以形。形体有处，莫不有声。声出于和，和出于适。和适，先王定乐，由此而生。"在我们先人的认知里，有声的大自然，是音乐的母体。

其实，无声的大自然，同样也有着音乐的节奏。人在乡村，心静眼明。放眼望去，山川湖泊、草木旷野、月光星辰、日出日落、天光云影，其形、其色，参差交错，瞬息万变，令人感叹。这种音乐般的节奏，古人在山水画里早就有所呈现。那些气韵生动、节奏和谐的画面，不是西洋透视画法里的如实描摹，而是画家在视线流动中的取舍剪裁。画面中是俯仰天地、上下四方、一目千里的空间，全局的阴阳开阖，远山的一起一伏，疏林的或高或低，构成一个个节奏化了的空间。杜甫诗句"乾坤万里眼，时序百年心"透露的正是这种对时空节奏的把握能力。

大自然所呈现的空间节奏，也让人类有了时间的观念。"日出而作，日入而息"，十二个月与二十四个节气，寒暑往来与春夏秋冬，月圆月缺与潮起潮落，在流动的节奏中，我们体会时间，也感悟生命。

四时运行，万物生息，一切在此中生长流动，节奏和谐。古人拿音乐里的五声配合四时五行，拿十二律分配于十二月，如此，我们在岁月流转中感受到音乐般的节奏，从容不迫，安适自在。

从某种意义上说，节奏，也是内在规律的表现。张与弛，放与收，开花与结果，翠绿与枯黄，都自有节奏。而师法自然，几乎就拥有了音乐般的心性，山水里潜流的旋律，是造化宣示给我们的最大秘密。只是当今世界时空已大大压缩，科技带来新速度，开启新节奏，整个世界飞速发展。而作为人类自身，成长与发育，为人与为文，恐怕还不能脱离自然的节奏。我们总是想快快快，我们总是等不得，我们变得自己跟自己过不去，最后才明白，原来打破节奏的，是我们急迫的心。

（2016 年 8 月 29 日）

字里秋味浓

收获的季节又到了。

生活在北方的城市里,倘若不出城,感觉大自然的变化并不十分明显,街边的树木枝叶依然绿,爱美的姑娘裙子依然短,路上的快递小哥依然忙,周围的景致并无多大变化。明显的是夏日的蝉鸣不知何时消失了,忽然间天高云淡,建筑物仿佛也清朗了起来。空气不再闷热潮湿,人也不再汗水黏腻,早晚开始有些凉意,风刮过来也是清清爽爽的了。水果摊上多了苹果、梨、石榴、葡萄、橘子、大枣，菜摊上多了毛豆、老玉米、新花生、栗子、莲藕，驾车出城的人开始热衷于秋季各种采摘，大小孩子被不断提醒着快"收收心"迎接新学期了……这大致就是北方城市里初秋的样子，平淡自然的夏秋过渡中，你没看到田间正在进行的收获，但你分明感受得到。

在编辑部，与夏日稿荒状态相比，稿子明显多了起来。副刊编辑感觉稿子最多的时候其实是在春天，"一年之计在于春"，在这个自然界万物生发的季节，人们充满希望，充盈着饱满的梦想，笔下万物生。而此刻，枝头果实累累，农田就要收割，玉米水稻渐次收浆，春华秋实是也。秋凉渐至，作者们也休假归来，编辑案头所见，字里行间都是浓浓的秋味。正所谓纸上春来早，字里秋味浓，你也感受得到。

春种秋收，大自然的规律。写作者虽不是这么季节分明，但也有不同的种与收的感受。时刻想着种什么的，满眼都是种子，他只顾一天天积肥耙地耕种；种的不多想得多的，在收获上费的心思也多，寥寥几颗果子却也被打扮得花团锦簇。有人在本该流汗播种的季节却早早考虑起收获,有人在本已收获的季节还琢磨着再种点儿什么。当然也有陷入瓶颈的写作者,在焦虑与苦闷中,不知到底该种些什么……见过各种各样的写作者之后,我发现那些非常好的写作者,常常并不需要太多的聪明,甚至想法也不复杂,他们身上流露出的多是农人般的憨厚质朴与执拗坚守,他们似乎只知道埋头播种、播种。这样的作者与作品,编辑也可以清晰地感受到。

今年初秋,我去过两个地方,感受到了另一种播种。一是大连庄河一个叫小腰岭子的地方,那里有从城里搬来的第九户人家老邹,他们在村子里安家落户,种地养羊,带来新思维、新观念,他们种下的是新乡村的希望;另一个地方是甘肃天水,这个我曾经以为的黄沙飞舞之地其实是一片陇上江南,是杜甫流寓古秦州时写下"月是故乡明"的地方。在这个李白祖居地、杜甫流寓地举办的第一届"李杜诗歌节"上,各地诗人与当地诗人聚集一堂,吟诗泼墨,共话汉关秦月,诗意的天水正种下生机勃勃的诗行……原来,播种无处不在，只是人们常常把注意力集中在了收获的时刻。

露从今夜白，转眼即是秋。在这个一切都压缩了加快了的年代，想要在"稻花香里说丰年"，恐怕真的需要一些不问收获的勇气与执拗，因为无论春天的梦想多么饱满，不沉下来埋头耕种，稻花的香味，总是远的。

（2016 年 9 月 19 日）

认识一株草

认识一株草,你就像多了一个熟人或朋友。

这话其实不矫情。前一阵子几个朋友去郊外,走在长满野草的山谷小径,几个有乡村生活经历的朋友都不约而同地对着发现的几株野生植物惊叫:这个叫"天天儿",果子一紫就可以吃了!味道是清甜的!这个叫"麻果",里面的籽儿也是可以吃的,嫩的时候吃着有点儿涩涩的,干浆了以后一嚼香得很哩!这个是灰灰菜、蒲公英,那个我也认得,胡萝卜苗,看着有点儿像香菜是吧……那神情很像久别重逢的老朋友，亲切、亲热、喜悦、兴奋。

中国幅员广阔，花果树木、菜蔬植物极大丰富，对多数普通人来说，能够辨识的种类都很有限，但它带给人的亲切感和熟悉感，却完全是两个生命相遇的感觉。我不知道这种感觉所来何处，直到看到一本介绍《救荒本草》的书，似乎才给自己"找"到了一个"答案"。

自有人类以来，花草树木一直与人类相伴，但专门写植物的书直到304年左右才出现，这就是西晋文人嵇含写的《南方草木状》，他把先人零散的对植物的感知，集中整理、书写成书。嵇含之后，又有《齐民要术》《全芳备祖》《证类本草》等，从农书到本草、花木，日益丰富。到了明朝，出现了植物和本草学两大著作，一是《救荒本草》，二是《本草纲目》。李时珍的《本草纲目》集本草学之大成，属于药物学范畴，而《救荒本草》则是纯粹的食用植物学，它从普通的植物学中分离出来，目的是用于救荒和救饥。明朝以来，配以图画的《救荒本草》广泛流传，人们通过看图识草，辨别可以食用的野菜，达到救荒的目的。17世纪后期，《救荒本草》传到日本，受其影响，日本学者不但写出《救荒本草启蒙》十四卷，还出版了《救荒植物数十种》《救荒略》《荒年食粮志》等书。

《救荒本草》全书共收录可食用植物四百一十四种，其中来源于历代本草旧有者一百三十八种，新增二百七十六种。李时珍明确肯定《救荒本草》，认为作者以田野调查的方式"资访野老田夫"，并绘制图样，"详明可据"。只是书中没有明确记录各种草木开花结果的时间，这为后人辨别相近的植物带来了难题。但不管怎样，这部备荒年以救饥活命的著述，都为人类带来了莫大的福音。在美国和欧洲，学者们认为这是中国人在中世纪的杰出成就，李约瑟则认为这是中国人在人道主义领域的重要贡献。

在饥荒的年代，多认识一株草，就多了活下来的概率。一株草，是以它的命在养人的命啊。即便如今饮食种类已极其丰富，谁又敢说我们不靠它养命呢！可是人类在丰足之后却常常是轻贱它的。孔子都说要"多识于鸟兽草木之名",所以至少还是多认识认识吧,它对我们是有恩的。

《救荒本草》的作者朱橚,是明朝开国皇帝明太祖朱元璋的第五个儿子,明成祖朱棣的胞弟。洪武三年(1370)他被册封为吴王,驻守凤阳;后又改封周王,洪武十四年(1381)到开封就任。明洪熙元年(1425)六十五岁卒于开封。朱橚虽身为皇子,却悲剧一生,充满了传奇色彩。一部传世的《救荒本草》,使之不朽。

(2016 年 10 月 24 日)

摸一摸时间的皱纹

我最近又被某种"存在感"的焦虑所击中。

在新兴媒体博关注、拼点击量,传统媒体争夺宏大叙事制高点,同时又不断强调媒体融合的当下,作为报纸副刊的文学编辑其实常常不免陷入"存在感"的焦虑中,甚至也听到有志得意满的媒体人对我们"今天一株草明天一朵花"的微妙揶揄,言外之意没看出有什么用。这种揶揄带来的对自身"存在感"的羞愧与焦虑,想必副刊人都或多或少地经历过。

副刊之于一张报纸的作用与价值，自不待言。但是大道理讲起来容易，具体到日常层面，还是很容易让人陷入急切的功利状态中，眼睁睁看着自己在大合唱中扮演的是不那么响亮的角色，很容易不淡定。从容淡定，不容易修炼。

想起我遇到的一位建筑设计师。这位接过不少大项目见过许多大世面的设计师，常常强调的却是项目中的"无用之用"，甚至在"无用之处"用的心思更多。他甚至强调哪怕是寸土寸金的居家装修，都应该留出一方"无用之地"。因为功能性的东西都是相似的多，无用之处反倒常常成就神来之笔，于不经意间传递出别样的魅力来。他说你看中国画的留白，那是不得了的艺术境界，不着毫墨，却成就了万千气象。那时我却无端想起了相声"五官争功"，倘若这留白处不肯被留白呢？说"我"也可以承担笔墨晕染的精彩之处啊。这就是各居其位的分工。自然也好，社会也好，一幅画、一座建筑也好，分工无处不在，这是很简单的常识、并不复杂的道理，人却常常将自己缠绕其中不识庐山面目，又不甘心地奋力挣扎。

最近，一位著名乐评人在一个节目中连续介绍了贝多芬的"命运交响曲"和"田园交响曲"后，他说，如若不是出于具体的功利的目的，他是不会一次性地连听这样两部大部头的交响乐的，尽管这两部交响乐是那样的经典。因为无论从人的欣赏心理还是演奏家的演奏心理来说，都需要轻松愉悦的内容来调剂。就像美丽的西湖风光，如果没有了酒肆茶楼、没有了歇息停靠处，总会有几分遗憾。其实阅读又何尝不是如此？人们需要快捷便利的资讯，需要振臂一呼的激情，需要深刻犀利的思考，也需要润物无声的陶冶。而陶冶是一个漫长的积累过程，欲速则不达。就像今天鲍尔吉·原野文章里所说的，"大自然当中所有原初的事物都有浑朴的本质，即使我们闭上眼睛，用手摸一摸它们，也感觉得出这些事物亘古以来未变的质感。闭上眼睛摸摸并捻一捻河水，水的柔软活泼与清澈是一回事。摸一摸石头就摸到了时间的皱纹和古代"。

文学，也许最终是要提醒我们，即便是在一个火热的时代，也需要停下来，去摸一摸生活最浑朴的本质，摸一摸时间的皱纹，那里有不变的生命的本意。

我们需要的是沉潜一份耐心，拿出一份诚意。

（2016 年 11 月 28 日）

谁耐得住，就更可能留得下

做好这样的普通人，其实也不普通了。但它确确实实，是我们千百年来对社会中人、对人生最普遍的期待。无论"英雄"还是"凡人"，都只有在这个"普通人"的精神里，才有真正照亮历史的可能。

虞金星

记住乡愁不意味着抗拒城市

编报纸副刊,常能读到的来稿,是怀念乡土的散文与随笔。春夏秋冬、风花雪月,甚至随着节气农时,都有相应的累累篇章,既绵绵不绝,又循环往复。这些作品里,写得最多的情绪,是"逝去的美好",山好水好人情好。尤其是离开乡土偶尔归乡者,笔下总免不了透露城不如乡的意味。

这或许可以算是广义的"乡愁",乡村人怀念过去的乡村,离乡人怀念现在的乡村。但又不免是过于笼统的"乡愁"。天南海北无以计数的作者,笔下那么多乡土的美好,读来读去,无论面目还是情绪,似乎都显示不出它的天南海北、各人各性来。

散文随笔,常被看作是写作者心灵最真实最直接的坦露。但这样的"乡愁",却逃不开被想象美化的成分。真的诉说起来,无论是记忆里的乡村,还是现实里的乡村,并不总是令人怀念的。有人用这样的问题追问过:"你愿意长居乡村吗?"答案未必是乐观的。被这雷同的"乡愁"拒斥的,还有一个更广大、对时代影响更深刻的现实:蓬勃裂变中的城市,风起云涌的城镇化。

显然,并不能对乡愁笼统视之。乡愁并不是被美化的想象勾引出来的,而是与现实相互激发出来的。"离开了它,你会想念",这才是乡愁。而想念并不是不加辨析的,会想念、所想念的,当然是那些值得想念的好。这好固然有共通的标准,但在不同人的生活经历里,应该会呈现出不同的面貌。就像热播的纪录片《记住乡愁》里,每个村落,都有它自己不可替代的故事,每个村落都有它自己的文化特色和精神内核。千村,并不一面。

记住这样的乡愁,并不意味着抗拒城市、回避城镇化的时代潮涌,更不意味着绕开对这些时代内容的书写。相反,它是对这时代潮涌的善意提醒,对应该跟进与更新的书写方式的着重提示。

时代的乡愁,应该是层次丰富、面貌生动的,应该是与城镇的生活场景相互烘托、相互促进的。

(2015年2月9日)

做好普通人

普通人不好当。

人们常说,不要让孩子输在起跑线上。说到底,是许多人不愿意做个普通人。不但自己不愿意,也习惯于以这样的标准去评价别人。所以,常见的比喻是把人生比作一场竞赛,常有着"起跑线"上的焦虑。跑得快、掌声欢呼声多的,是成功。否则,就是失败了。

以成败论英雄,对有些普通的人来说,是种巨大的心理压力。

不以成败论英雄的，小说里更多些，比如《平凡的世界》。最近因为多种原因被热议之外，这部小说已经默默长销了一二十年，反复成为各种图书馆借阅榜的前几位。许多人爱看它，是因为看到了奋斗，看到了励志。但说到励志，其实存在悖论。故事主角孙少平的人生并不成功；小说偏于悲剧的结局，也不符合人们关于"励志"的期待。但人们还是爱他，就像爱所有故事里悲剧的英雄，爱不肯过江东的项羽。

其实，或许也不该用"英雄"这个词。正如《平凡的世界》这个书名，那穿越了光阴、始终打动人的色彩，并不在于"英雄"，而恰恰是普通人对于劳动与尊严的珍重。

劳动与尊严——这样的要求，普通，也不普通；这样的普通人，应当当好，却并不好当。

说它普通又不普通，是因为这本该是一种基本的精神，聚精会神地投入，有所为有所不为地获得。所以，于私，有认真创造体面生活的期待，也有对不劳而获、游手好闲的鄙夷；而于公，有职业道德的说法，也有公私分明的准则。可在现实里,又不乏背道而驰者。

做好一个普通人,其实不容易。他要有自知之明,清楚意识到能力有所限,赢者并不能也不该通吃;他要有自我约束,心中有道德律令,脚下有不可踩的底线,有所不为的念头清晰通透;他还要有对自我价值的恰当肯定,明白平平淡淡和庸庸碌碌并不是一回事,成就和成功也并不一定重合。

做好这样的普通人,其实也不普通了。但它确确实实是我们千百年来对社会中人、对人生最普遍的期待。无论"英雄"还是"凡人",都只有在这个"普通人"的精神里,才有真正照亮历史的可能。

(2015 年 3 月 23 日)

阅读与传承

褒扬人,我们用奖章。褒扬一个地方呢?称许它人文荟萃,也不啻是一枚荣耀的"奖章"。历史的浇灌,在中华大地上滋养出一个个人文荟萃之地,与群星同灿烂。

要称得上人文荟萃,与时间相系的传承是必不可少的。无论是文物、文章,还是它们背后的人,都因此自成脉络,自有光华。后来者读文、读人,慕前贤风采,继往开来。这或许正是文脉绵延的含义。

说到这样的传承，图书馆算得上是个较新的标志物。这个新的阅读空间，代表的是一种不同以往的知识传承方式。它突破师徒授受的单一限制，弥合时间与空间衍生的沟壑，大门敞开，用堪称包容的姿态完成知识的流通。从这个角度来说，在图书馆借书、读书，称得上是有代表性的时代剪影。

让读书成为人生的"标配"，渐成共识的全民阅读，一大助力也来自"图书馆"。2015年"书香中国万里行"在苏州启动时，恰逢第十届苏州阅读节拉开帷幕。这个同样堪称人文荟萃的地方，正可作为这种传承方式随时代变迁的观察样本。

位于苏州常熟的铁琴铜剑楼，曾是清代全国四大私家藏书楼之一，历经五代人、两百年光阴。私家藏书，是古时候重要的文化现象，许多藏书楼至今闻名遐迩。但古代私家藏书，主导意识是收藏，并不重流通与传播。而且为尽量减少藏书散佚的风险，多数藏书楼并不对外开放，甚至封闭甚严。著名的如宁波天一阁，"非各房子孙齐至，不开锁"。但晚于天一阁的铁琴铜剑楼，藏书意识已明显有所嬗变，允许同好访书，为海内学人等前往浏览、校勘、转抄提供方便，甚至专设阅览室、提供茶水膳食。到民国时代，这座藏书楼的主事者还成为当地公立图书馆的首倡与主持者，带头捐赠藏书入馆。中华人民共和国成立后，他们又把许多珍贵藏书赠予国家，成为如今国家图书馆古籍收藏的珍品。

这条由私家自珍向公共阅览的路径，既是意识的嬗变，或许也可以看作是近代以来我们国家社会发展的缩影。

而在苏州的另一个县级市张家港，刷市民卡进入的24小时自助图书馆——"图书馆驿站"，如今正逐渐铺展开来，成为普通人家门口的阅读空间。结合志愿者服务与阅览室功能的这种模式，无疑更是种润物无声的进展了。

显然，阅读意识的嬗变，并未终止，甚至愈发值得继续探讨与期待。

(2015年4月27日)

"沉下去"是颗生机勃勃的种子

最近,旁听了一个关于全民阅读的讨论会——"书香社会建构中的多元驱动与协同创新"。在微信上得知讯息,使我对这么"理论"的讨论产生兴趣的,是参与讨论者的构成:既有长期从事相关研究的学者、承担政策规划等职能的部委干部,也有在基层区县从事文化工作尤其是阅读推广工作的人士,来自公办、民办图书馆一线的业者。

在热议阅读的讨论中,多是关于阅读的必要性或者紧迫性的话题，以及围绕它所做出的规律性的提炼和总结。这固然重要，但来自基层一线的反馈，也是不可忽视的部分。规划与研究者与一线工作者坐下来，一起交流经验，共同面对困惑，无疑是场极值得期待的讨论。

讨论确实在很大程度上满足了我的"好奇心"：在经济发达的城市中心区县，主持者是如何面对寸土寸金的场地紧张，突破单纯的行政区划限制、以服务半径来设置图书馆或阅览室，又怎样面对藏书、供书与借阅者"口味"不匹配的？带有公益性的社会组织甚至有赢利需求的公司，是怎样参与到阅读推广、阅览场馆的策划运营中，又碰到了怎样的"未可知"之困？

这群长期浸淫在阅读空间运营一线的专业人士，条分缕析带出的，几乎是满满当当的"阅览室"故事，相比纯粹的理论分析，更有生动的色彩与切肤的感受。这就是"沉下去"的意义——不再仅限于抽象的论证，而充盈着具有张力的困惑、带有淋漓元气的新鲜经验。它和理性思考的不断磨合，会产生出最有生机的种子，植出大片生气勃勃的"稻禾""森林"与"草原"。

其实文学创作何尝不是这样？除了天赋与灵感，"沉下去"也是能量巨大的源泉。写花写草写风景是这样，"沉下去"才能越出百科介绍、旅行指南的拘囿，摆脱隔靴搔痒、红花绿树俱无色的尴尬；写人写情写世相更是这样，"沉下去"才能见到独一无二的精神，寻常巷陌中，你偶遇的那一个，可能都有一身翻滚回荡的故事，值得你回味，让读者难忘。

(2015 年 5 月 25 日)

言岂非心声

过去的半个多月里,最受瞩目的写作话题,当是高考作文无疑。其实这也是每年的"惯例"。众多高考科目、题型中,作文能成为"明星",一是因为母语有广泛基础,最适于众声喧哗、评头论足,二是因为从高考作文题目、写法里,最易见到这个社会,甚至每个人的观念的变化。譬如,从最初的命题作文到后来的材料作文("体裁、角度不限"),至少能见出教育界对语文教育功能的理解深入,甚至是整个社会渐趋开放的特征。

这些年的变化显然也不限于此。今年某省的作文题，是由对"文如其人"的辨析引开来："作品的格调趣味与作者人品应该是一致的""作品的格调趣味与作者人品有可能是背离的"。这样的话题，已经深入到了一定程度，不仅适用于高考，而且足以成为人一生去寻求"答案"的问题。于教育而言，高考目前客观上还是有"指挥棒"属性的。把作文话题深入到这种层面，说明语文教育者更希望写作不仅聚焦于观点的选择、结构的谋划、辞藻的挑选，而且成为独立思考的载体。

而对于写作者，"文如其人"这个话题或许有更多值得咀嚼品味的意义。对大部分写作者甚至读者而言，"文如其人"其实是个天然正义的选择。我们总是默认"文如其人"为第一选择的，因为相信"言"应当"为心声"。说到底，写作是用来沟通和传承的，过分的矫饰恰恰是它的大敌。我们总把那些夸夸其谈、内里无物的文章贬为"苍白"，视之为病态，正是因为觉得其中没有作者的真心真意，不值得读。文如其人，言为心声，与其说是个判断，不如说是个价值选择。它选择的是，不让写作落入为写而写的陷阱,成为可有可无的装饰,迷失表达的初衷。

说起来,高考作文题这样的"言",未必不是有志者关于写作、关于精神价值的"心声"。而更为人所喜见的,则是"遇见"更多能见得到作者所思所想又不失纯粹的作品,那种"言"这个壳子正好和心声严丝合缝的篇章部头。

(2015 年 6 月 29 日)

曹丕的"不朽"

偶然路过邺城故地,想起一千七八百年前曾居于此的曹丕。不为他的帝王功业,而为那句"盖文章,经国之大业,不朽之盛事"。毕竟,在中国悠长的历史里,称王称帝者不胜枚举,曹丕并不足称道。可他所撰写的《典论》,虽然已散佚了大部分,但仅凭剩下的《论文》等寥寥几篇,仍足以享有"不朽"之誉。

古时候,受书写工具和传播载体限制,文章大多言简意赅。像《典论·论文》不过数百字,里面却有不少在后世传播久远的说法。比如"文人相轻,自古而然""各以所长,相轻所短"的论述,比如"建安七子"的命名,比如关于文体、文气的辨析,都有开风气之先的功绩。但最为后世所熟知的,还是前面所说的对"文章"价值的肯定。

"年寿有时而尽,荣乐止乎其身,二者必至之常期,未若文章之无穷。"文章,在这里是足以对抗"常期"、对抗时间的宝物。这是曹丕的论断,其实也可以算是他的期待。在东汉末年那样的战乱年代里,生生死死应该是再容易不过的。刀兵时疫,都能轻易夺人性命,并不以人的地位而转移。"建安七子"大多只活到四十多岁,好几个人都死在建安二十二年的疫病中。曹丕去世时,刚到四十岁。古来帝王权贵,无所不用其极问鬼神求长生的,恐怕也是数不胜数。但曹丕应该不算在内。《论文》中可以看到,他对"年寿有时而尽"的认识是很冷静的。若一定要说有对"长生"的追求,应该就是文章的"不朽"、精神的"长生"了吧。

《论文》里面,"文章"的概念并不仅止于我们今天所称的"文学"。所有能够寄身见意的翰墨篇籍，都在它的范围里。它们，有的关乎国家的治理，有的关乎思想的传达，更重要的，留存下了每个作者精神生活的气韵与精华。后来人，从这些文章里见到这些古人的精神足迹，又能从这些足迹里组合勾勒出一个时代的精神地图，甚至成为后来者前行的指引。

生长于战乱中、致力于王霸之业的曹丕，最终以《典论》称"不朽"，这或许恰好是他所说文章为"经国之大业，不朽之盛事"的一例明证吧。

(2015 年 9 月 28 日)

为文学寻找生活的答案

文学期刊《十月》组织的"十月青年论坛",最近一期的话题是围绕曾在他们的"思想者说"栏目刊发的《八零后,怎么办?》展开的。文章的作者是一位"80后"的青年学者,而此次参与讨论的,大多也是年龄相仿的文学研究者、作家。同辈人的述说、讨论,少了些客套,多了些坦诚,少了些定于一尊的结论,多了些相互激发的商榷,甚至成为彼此补充鲜活事例和经验的机会。

这种形式的提问,借用代际身份展开但其实并不仅止于某一代人的话题讨论,20世纪80年代初,曾以《中国青年》杂志"潘晓讨论"的面貌呈现。如今,那一代参与讨论的青年人,大多已在五六十岁。对关于人怎样生活的追问,又为另一代青年人所瞩目。

围绕生活的追问,似乎是每一代青年人不可回避的一部分。即使社会生活越来越丰富,人们所偏重追求的越来越多样,它也依然会顽强地存在于一部分人身上,只要他们有志于拓展精神生活的疆界,使精神生活与现实世界更好地对接。这样的追问,其实是为了更好地认识,把自己融入到生活里,又不被生活所淹没。

在投身文学,尤其是从事文学研究的青年人那里,这种需求或许尤其明显。书斋里的好处是安静,但最大的不安,也来自"躲进小楼成一统"的生活现实。可文学与现实的关系,又偏偏是怎么也无法分割的。如何写作,怎么评价写作,都逃不开现实世界的投影与映衬。

无论是把精神生活与现实生活分裂,还是放弃精神生活、向现实的风霜雨雪投降,似乎都不是让人心甘情愿的选项。这才有关于文学有没有用的争论。有一回"编辑丛谈"的短文写到过曹丕和他的《典论·论文》。《论文》的光彩绚烂处,非常重要的一点是肯定了"文章"独异的价值。不过,时移世易,价值观念也跟着纷纭变化,关于文学有用还是无用的争论,并不因《论文》里的一言而消失。论辩到后来,始有"无用之用"的说法,既是充满思辨色彩的真知灼见,也未尝没有委屈的意味:就按照你们对有用、无用的定义,承认它无用好了,但还有后半句呢,"无用之用"为大用。

但寻找答案的焦灼,还是不会就此从文学世界里退场。即使前辈们不再有,年轻一辈依然需要面对这样的焦灼,经历这样的锻炼。就像听多了前人说"我过的桥比你走的路还多",依旧会坚持行完万里路,才能真正体会万卷书里不尽的困惑。

那些书,本身就是和路联系在一起的。

(2015 年 10 月 26 日)

谁的故事不曾讲述

好几次,在人群拥挤的公交车里,我都好奇,身边众人,这些偶然与我擦肩的人,各自有着怎样的生活。

有个词叫"泯然众人",来自王安石《伤仲永》里的故事。泯然是消失,早慧的仲永最终消失在众人之中,不再"出众"。这个词和这个故事里,"众人"就是面目模糊的背景,就是每日里与我们擦肩而过、你却不知姓名的人。

不过,我坚信,他们每个人都有自己的故事,喜怒哀乐，可能大部分时候普通，却必然有某些时候，充盈、迸发，把平常的喜怒哀乐添上最鲜明的色彩，形成属于他自己的图谱。因为世上恐怕没有完全相同的两个人，每个人的经历、性格、机遇等种种，让他们各自成为自己，在人生这条线上，做出选择，画出和哪个人都不会完全重合的轨迹。

如果有一支神奇的笔，能最精准地描摹，那么，每个人都必然有他不会"泯然"的面貌。可惜，这样全知全能的笔，只是美好的幻想。与我擦肩而过的这些人，有多少人的故事曾被讲述？还有多少人的故事，不曾被讲述，只留给自己默默咀嚼？我想，后者还是大部分。

总觉得太可惜。我们的笔墨，是不是会有过于单一地注视舞台中央、聚光灯下的倾向，有太沉溺于锦上添花的嫌疑。这无论是出于虚弱，还是懒散，都是值得惋惜与警醒的。

让人泯然、失去颜色的，还有匆忙、懒散的写作。这样的创作者并不愿意费尽心力去刻画他们面对的那个人，不能执着地从对方一生的枝枝蔓蔓里择出走向特别的那一条。它掩藏在满眼斑驳的叶片里,掩藏在横斜凌乱的枝丫里。想找到它,要花太多的精力去拨开叶子,摁下枝条。而即使找到了它,一不小心,也还是会把它写得和其他枝条并无两样。但畏惧这样的难度,文章里就只能产生出面目模糊的"众人"。

每个人的性格、职业,无数因素交叉,滋养、勾勒出不同的枝杈,如今长得尤其繁茂。以前,人们用"三百六十行"形容百业之盛。变化剧烈的现代,有些消亡了,更多的职业却也在新生、新兴。那么多未曾有过的故事,那么多不曾被梳理的人生线索,如果都泯然,都只成为潦草的背景,那或许将是"可惜"二字所不足以表达的遗憾。

(2015 年 11 月 23 日)

关于想象力的期待

各地中小学生的寒假陆续开始了。前几天,《大地》副刊上特地推出"寒假读诗",选登了来自 2015 年广东小学生诗歌节的作品。许多读者反馈,为那些儿童诗里纯净而丰沛的想象力叫绝。阅读,几乎是寒假这样的长假里最能得到从青少年到成人集体共识的事情了——既"高大上"又"平民化"。

青少年的课外阅读向来深受关注。不仅仅青少年自己关注,成人的关注度可能更高。早些时候,大家把这部分课外阅读视作中小学生课内阅读的延伸，强调补充知识。但这些年，我们能感受到一种越来越强烈的趋势：人们越来越重视课外阅读在青少年的智慧与人格养成中独立的价值。"想象力"随之成为青少年阅读领域耀眼的关键词。

当然，"想象力"这个词的浮现，和我们对于课堂教育认识的调整也是相关的：提供知识，只是一方面的内容；给予成长宽广的可能性，才是更深层的期待。就像我们今天越来越强调的"创新"，是寄望于深化、寄望于拓展、寄望于认识未知的能力。

这种认识上的变化，或许正是类似于《三体》这样的科幻文学作品引起全社会前所未有关注的内在动因，也是这几年儿童文学领域幻想类作品风靡的原因。从事幻想儿童文学出版的大连出版社最近组织了一场围绕幻想儿童文学的专家论坛，有专家在讨论中提出，少年科幻小说为人们解决长期困扰自己的关于知识和想象力之博弈提供了一种行之有效的应对之道。

用"博弈"来形容现成的知识与指向未知的想象力

之间的关系,或许有些夸张。但人们对于青少年的课外阅读超乎日常的期待——保留青少年天然的好奇心、想象力,涵养这种想象力,使之成为未来创造力不竭的源泉,却是实打实的。

从诗歌到小说,儿童文学创作领域对于想象力的珍视,气氛日渐浓厚。但我们关于想象力的深切期待,显然不仅是为了单纯的阅读,而且是为了整个群体未来的成长与发展。怀着这样的期待,我们也更能够照见不足,精益求精。

(2016 年 1 月 18 日)

"尴尬症"的创新药

读万卷书的事,我想从行万里路开始讲。

出门旅行,不管是上车行路、下车看景的跟团游,还是背起行囊千山万水的自助游,游景点都是最常见的内容。光看景不过瘾,也爱蹭导游。因为光靠看,经常只能光秃秃叹一声"赞",叫一声"好"。听听内行人的讲解,或许能解得其中"怎么赞、如何好"的味儿。不过,蹭惯导游也难免有尴尬。最尴尬的例子莫过于听导游指着树、指着石头问,"你们看它们像什么",

让游客们七嘴八舌一番猜想之后,最后揭晓答案,它们就叫"同心树""恩爱石"……诸如此类。

最初其实是不会尴尬的。一是见得还少,尚觉得新鲜。明知道是拿自然的景物去比附人物的形象,演绎出玄奇的民间传说,照样听得津津有味。二是那些树、石之类的形状也多半是特征鲜明,确实能让人联想到那些传说。附会些关于同心、恩爱的比喻,也不算非常突兀。

但时间长了,尴尬的时候就越来越多。天南海北,这里也是夫妻化作的树,那里也是情人变成的石。名山大川里也是这样的石和树,不名不大的风景区里,也是这样的石树故事。几乎让人以为满世界深情的人最后都化成了石头,长成了形状特殊的树。人们常说,快乐是相似的,痛苦则是各不相同的。但在这样的演绎里,似乎普天下的有情人快乐和痛苦都是相似的,不免单调得匪夷所思了。新鲜感没了,也就失去了很大一部分动人的力量。

还有一种尴尬,是因为附会得牵强。似乎大家都特别相信爱情的力量，相信这样的故事最容易打动游客，所以不管那山、那石、那树像不像人形，都要讲上这么一个有情人不能成眷属的深情故事。但这样的情况里，不管导游怎么连声追问"像什么"、怎么有意识地引导，见多了的游客也未必愿意捧场回答。旅行里这样的冷场，不免让人"尴尬症"剧烈发作。导游尴尬，游客也尴尬。不回应的尴尬，勉强回应的也尴尬。

这种旅行里越来越常遇到的"尴尬症"，根源还得分开论。故事相似，大部分是因为类似的故事结构、民间传说原型，确实是普遍存在的。在各地彼此之间交通与信息交流不那么便利的时候，它们就已各自生长、各自流传。到了千里一瞬、天堑通衢的时代，这些类似的故事在来自四面八方的游客耳朵里开始碰撞，才有了重复的尴尬。而故事牵强大概应该归咎于编写故事者的"偷懒"了，直接借用别处的模板，依靠粗糙的材料，勉强拼凑敷衍。

类似行万里路上碰到的尴尬故事，万卷书里照样能够碰到。重复与牵强，同样可以是写作的尴尬，尤其是对文学创作而言。工业的生产里,标准化和流水线能够提升效率。每个产品之间越相似、在精度上越可重复,经常被视作技术水平的一种体现。但文学创作并不是这样。流水线、可重复的,被称为"生产",而不被视作"创作"。更何况,即使是工业生产,在特定层面上,也分外强调"创新"。文学的创作,更该对"重复"有本能的抗拒。

题材的一窝蜂是比较常见的"尴尬"。乡村都是老屋与逝去的炊烟,城市都是高楼大厦、水泥柏油。南国的乡村、城市与北地的乡村、城市,讲述着面目分外相似的故事与情绪,就像天南海北那些不约而同的"同心树""恩爱石"的故事一样。

其实,不同作者在相同题材上的碰撞古来就有。所以有崔颢题诗黄鹤楼:"昔人已乘黄鹤去,此地空余黄鹤楼。黄鹤一去不复返,白云千载空悠悠。晴川历历汉阳树,芳草萋萋鹦鹉洲。日暮乡关何处是?烟波江上使人愁。"继而有李白"眼前有景道不得,崔颢题诗在上头"的传说。传说未必是真,但围绕"黄鹤楼"

这样的共同题材，作家们各尽其才，例子却比比皆是。"眼前有景道不得"则说明了一种有诚意的创作心态：并不是写不出来、不能写，而是觉得没法比人写得更好了。或者是手法上有进步，或者是视角上有创新，或者是体裁上有变化，总要满足一点，才能在珠玉堆里相互映照。宋诗在唐诗巅峰之下的独辟蹊径，词对诗、曲对词格律的突破，都可以看作分外珍贵的创新。

"惟陈言之务去"，拒绝重复已有的东西，韩愈在唐代就阐述了这样的创作观念。刚过去的2015年，被文学界视为纪念先锋文学三十年的年份。在纷纷纭纭的讨论中，有一种声音认为，先锋不仅是历史事件，而且是一种中国当代文学始终要葆有的创新意识。在这个意义上，先锋并非和哪种写作风格绑定，而是和写作者的精神直接连接。唯有投注精神，文章才能动人。

古诗里说，"年年岁岁花相似，岁岁年年人不同"，花与人，差的就是那点精神。但愿新的农历年里，我们眼中笔下，能多留存人影，能更洞见精神。

(2016年2月1日)

我们在"遇见"什么

早年在农村,到正月十五,年才算正式过完。然后大家抖擞精神,开始一年的生计。而今,即使是在农村,过年这回事,也伴随着许多上班族的脚步,到初六、初七就基本告了尾声。像今天这日子,大家早已纷纷各自忙碌起来。

这就是经济社会变化发展的强大之处,不知不觉间,改变了大家的生活节奏。每个人都似乎有比以前更丰沛的能量,脚步不停,工作不停。

过年回乡和亲朋相聚，也只有这个时节，能有成片闲适的光阴。好多人又是一年不见，大部分时候远隔千里，一年只一聚，却依然亲切自然。围坐漫谈，谈起过去的一年，聊聊彼此那些短信、微信、电话里难以述尽的所见所闻，每年我都会发觉，即使是这样亲近熟悉，他们人生里的色彩，也时常在我的想象之外。

亲近者尚且如此，何况其他人呢？人们常说现代社会的变化之一，就是跨出了熟人社会的界限。人的流动越来越迅速，范围越来越广。本乡本土、一辈子与固定人群交游往来的模式日渐淡出，人生奔流、不停遇见不停告别的形式却越来越常见。越来越多"熟悉的陌生人"出现在身边。所谓"陌生"，并非不知姓名、不知来处去处，而是做不成全方位接触的"熟人"，只能在某些层面上做有限的接触：有些是与你的生活相关，有些是与你的工作相关，有些是与你的兴趣爱好相关……

这或许也可以称为"遇见"。它并不是指萍水相逢、一面之缘，而是指他们交融在我们生活、工作、兴趣等生命的某个层面里,并不与我们全面接触,但在我们所注视的那个平面上有完整独立的图案,值得我们欣赏甚至敬重。

2015年3月起,《大地》副刊开设了"遇见"栏目,陆续刊出《第十三块瓷砖》《"最美"小城》《铺子里的手艺》《最亮的那一抹风景》《清洁》《快人快事》《火山石缝里生长》《鞋匠菩子》《写出第七个"有"》等作品,写过不同手艺人的坚韧人生,也写过几种职业者的路上风景。正如我们在开栏语里所说,希望能够不断写下一个或者一群普通人的故事,刻印他们对生活的憧憬和创造,千丝万缕汇入人心。这是我们最想刻画的图案。

我们也期待有更多的作者加入到我们的"遇见"栏目中,用更广的视野,写各个行业、各种职业,写各种工作场景、生活方式,写某个人、某件事……期待无数的"遇见",最终组成我们这个时代生活的小小场景。

(2016年2月15日)

星火因何恒久

中国作协中国诗歌网的同人有一回跟我说，建站半年多，已经有五万诗人朋友注册发表诗歌了。而我之前所知的，是他们的"每日好诗"栏目也挺受欢迎。

或许这是诗歌"重新流行"的表征之一？因为和它一道，关于诗歌的话题，这两年太多了。最近的有"我有一壶酒，足以慰风尘"，这句改编的唐诗引发创作接龙。远一点儿的，是"为你读诗""读首诗再睡觉"等微信公众号的脱颖而出。

时势变幻，我们虽然一直号称肯定还有很多人爱诗歌、爱文学，却也难免底气不足。倒是前面讲到的这些露出地缝的芽叶，能给人以信心。而且，更能让人见到文学的生机所在。因为与文学阅读的专业化趋势不同，"每日好诗"、诗歌接龙这样看起来轻浅的举动，凭借的往往是爱好者最本能的诗意。庞杂的生活挤压着，睡前的一首小诗，简直就像救赎。

这一点星火，并不足以照彻大地，不足以让人人成为"诗人"，却能让人心火不熄，让看似"阳春白雪"的文学能被哼成行路难时的小调。

我乐观的，就是这点星火。这星火，让人想起汉时刘向在《说苑》里讲的师旷与晋平公论学的故事。春秋时的晋国国君问大乐师师旷，自己年已七十，再学东西是不是晚了？师旷说，他听说的道理是，"少而好学如日出之阳，壮而好学如日中之光，老而好学如炳烛之明"，"炳烛之明，孰与昧行乎？"师旷最后反问的是，哪怕是只拿着蜡烛照明，和摸黑相比，哪个更利于行路呢？结论是不言而喻的。

比这结论更可玩味的是，尽管看起来"炳烛之明"比不上"日出之阳""日中之光"，但与人的精力变化相联系，这"炳烛之明"显然更为难能可贵，更能察微洞幽。

人生底部的星星点点光亮，代表着坚韧的本能，代表着诗性恒久的力量。想到这些，就又觉得世界还是可爱的。

(2016 年 3 月 28 日)

抒情有度

原来有种印象，小说长于叙述，散文则长于抒情。抒情被视作散文的看家本领。

也不必争论这种说法精准与否，至少可以说，抒情发挥了散文这种文体的优势。因为相比其他文体，一般认为，散文与作者的对应关系是更紧密的。尽管随着文学创作的理论与实践发展变化，散文的非虚构与虚构问题边界一直在游移，但20世纪以来，数量可观的经典散文是被视为作家"心声"的。抒情在其中占有重要的地位，这是创作实践给予的认可。

散文利于抒情，易于抒情，是优势，但优势倘不善用，也可能变成劣势。

散文的抒情也怕过度。抒情的过度，表现之一是为抒情而抒情。抒发情感，一般而言，总有一个"发"的来源，也有一种"抒"的脉络。无论是人物、事件、风物，总要与作者的感情产生交会，才算有本之木，恰如其分。倘若对此无情无感，勉强要"抒发"，即使篇幅漫长、用词锦绣，也挡不住被读者看出来物与情两张皮，是写作者在放无线的风筝而已。为抒情而抒情，不过是假抒情，最容易用上已经被别的作家用滥了的陈词，难以见到贴心、精准的表达，也就读不出感人的滋味。

抒情的过度，还有一种表现，是有情即抒。在抒情与写作之间，一般而言，总要有道闸门，控制方位、流速，以防情感泥沙俱下，变成粗浅、粗暴的"意识流"。倘若失了这道筛选、斟酌的工序，所谓的"写作"也就不过是写字而已，不能视为创作了。情感虽然是跳跃的，文章却不能一味随情纵跃，既没有显性的结构串联，也没有隐性的脉络连接。

汪曾祺先生说:"过度抒情,不知节制,容易流于伤感主义。我觉得伤感主义是散文(也是一切文学)的大敌。"散文善于抒情,却对作者的"心灵"提出了更高的要求。情感的成熟度,逻辑的成熟度,都很容易暴露在读者的眼中。这种情况下,是否能妥帖地用好抒情,抒情有度,抒情有方,对散文作者而言,其实是种考验和筛选。

(2016 年 4 月 25 日)

笔名的奥秘

今年是诗人艾青逝世二十周年。"艾青"本是诗人的笔名。1910年,他出生在浙江金华县一个叫畈田蒋的村庄(今属金华市金东区)。在畈田蒋村里,蒋是大姓,据说村名就得自蒋姓先辈对耕耘一畈好田的期待与感叹。诗人落地,最初得名海清,后又改为正涵,号为海澄。而"艾青"这个名字,要晚于"蒋正涵""蒋海澄"二十多年。但对读者们来说,"艾青"显然要远远响亮过它们。以至于诗人那依旧存在于畈田蒋的故居，也被称为艾青故居，而非其他。

作家使用笔名，是文学史上常见的现象。笔名的出处由来多种多样，但以笔名行世而盖过本名，却常有着共通的原因，即读者对其创作的肯定。1933年，"艾青"第一次出现在《大堰河——我的保姆》中。在此之前，艾青也用过其他笔名。但以"艾青"署名的这部作品，却以沉郁而充沛的感情真正引起了读者的关注。回忆与赞美畈田蒋岁月里那位乳母的《大堰河》，也成为"艾青"的成名作。

用什么名，其实并不重要，这一点，在眼下这个时代新型的创作中印证得尤其明显。在时兴的网络小说领域，作者的"笔名"千奇百怪，各种名词动词组合不亦乐乎，但读者真正买账的，却并不是那个特异的名字，而是一系列有吸引力的作品。唯有成功的作品打底，"笔名"才能形成类似品牌的效应。"艾青"的成功，也并不仅限于《大堰河》，而是包括了此后《雪落在中国的土地上》《我爱这土地》等一系列作品。"大地之子"的诗人形象，是一系列成功作品共同充实起来的。

而读者认可一个作家的"笔名",既是对作家已有作品的肯定,也是对作家未来作品质量的预期,难免会带来超出作品本身的影响因素。所以,我们常能听见一些逸闻,有些成名作家,会使用新的笔名,以全新的面目出现。这能让读者把关注点集中在作品本身,帮助作家更客观地判断自己的创作状态。笔名的存与变,奥秘始终在作品上,无论是读之者,还是作之者。

艾青的家乡金东正在举办艾青诗歌节。或许"艾青"这个名字本身,艾青本人的创作实践,就能给当地爱诗、爱文学的人们以启示:文学到底是凭借什么成功,文学何以浸润人心?而这个问题,想来也可以提给更多地方爱写作的朋友们。

(2016年5月30日)

珍宝总是珍而稀

在外地和读者（其实也是作者）交流，听到一个问题：我特别喜欢有韵律的文字，为什么现在报刊上能读到的很少？我懂得，他真正想说的有韵律的文字，其实是格律诗词。

也未必是见不到了。有时候只是视野所及毕竟有限的问题。格律诗词，不仅有作者个体间的联谊交流，还有专门的期刊，而且不止一种。但在更大众的媒体平台上，它们确实出现得有限。大部分时候还是因为，好诗词难觅，不仅对编者，对作者也是难度不低的一种考验。

对当代人而言，格律诗词之难，不言而喻。连在旧体诗词写作上卓有成就的毛泽东同志，在为《诗刊》出版致贺时都说："诗当然以新诗为主体，旧诗可以写一些，但不宜在青年中提倡，因为这种体裁束缚思想，又不易学。"怕束缚青年人思想，当然是革命家站在历史高度上的观点。但"不易学"，则是一个精通诗词的大家站在写作角度的体会。

格律诗词之难，在于它有已经成熟到极致的韵律体系，有严格的韵、平仄、对仗等方面的讲究。比如押韵，即使是古人，在写律诗时，也是严格按照诗词格律的定式押韵的。所以语言学家王力先生说，清代一般人常查阅的《诗韵集成》等韵书，不仅可以说明清代的押韵，也可以说明唐宋律诗的用韵。尽管从唐到清，许多字和韵，在读音上已经有了莫大的变化。

而当代人学写古典诗词，又不能不从最盛的格律诗词起步，不能不以格律为准绳。因为相比新诗，旧体诗词最吸引人的地方,就在于它音韵的魅力。正是难度与束缚,才导致好诗词鲜见。而在这个颇有难度的门径里能采撷到珍宝的,自然是少数。这恐怕也是它至今对读者和作者依然有吸引力的缘由吧。

珍宝总是珍而稀的。这或许能回答那位读者的问题吧。

(2016 年 7 月 25 日)

"引用"莫只图便利

写文章,涉及历史题材,最好借点儿做学问的精神。

这几年,无论是阅读来稿,还是参与各种专题策划、编辑历史题材的散文,这一感受都分外强烈。

历史题材的散文,对史实的准确度要求比较高。这和我们对于散文"非虚构"的默认定位有关,还关乎我们对历史的态度,大而化之地引入,不加辨别地使用,最终伤害的是文章本身。

书写史实,不能不持有慎重其事的态度,尤其在核心的时间、人物、事件等要素上，更要借鉴做学问的精神，下核实、考订的功夫。

做学问的精神是什么？"板凳要坐十年冷，文章不写半句空"足够形象。

日常从事写作者，在散文中引用资料、引入史实，是很常见的事。但对于"资料"和"史实"的权威性、确凿性，却常常重视不够。

许多散文引述"史实"，甚至过度依赖"百度百科"等，这看起来省了功夫得了便利，但却存在极大的风险，也给文章留下隐患。

当然也有慎重一些的，会选择参考纸质出版物。但是，似乎奉行"抓到哪本是哪本"的居多，不大注重版本选择。事实上，即使是正规出版发行的纸质出版物，也难免参差不齐。作史实引用时，有所辨别取舍才是严谨、慎重的态度。

这种辨别取舍，一是版本上的，尽量选择权威出版部门的权威版本，二是作者自我意识上的，在多种版本、史实描述之间，有分析比较的意识和习惯，选取更可信的说法。

做这种辨别取舍、考订核实,需要花时间、用心思,有时甚至需要坐一坐冷板凳。这于人于己,都是负责任的态度。

文章涉及史实,关联到引用时,作者应该下的功夫,其实不应该比"无中生有"的创作少,纸背的功夫甚至应该下得更深。因为对于这些文章来说,史实经常是其中的梁柱,一旦它们有所谬误,整篇作品也不免松动,难以得到信赖了。

(2016 年 8 月 22 日)

文学报刊的"色彩"

文学报刊,其实和人差不多,也是各有"个性"的。这话,当然也可以从另一个角度来说——要能在数量众多的同类报刊中"杀出重围",在激烈的读者竞争中脱颖而出,也必须有自己独异的色彩。

想起这个话题,源于来自南国的一点见闻——《广州文艺》最近的改版。在20世纪80年代的文学热潮里,《广州文艺》被誉为纯文学期刊"四小名旦"之一。作为立足广州、面向全国的文学期刊,"都市"一向是这本文学杂志所坚持的个性色彩。毕竟，广州是国内居于一线的大都会，而且市民生活形态丰富、传统深厚。

《广州文艺》邀请作家们为改版出谋划策时，就曾有作家提到一则"故事"：早年有"成名作家"拿着农村题材的作品去投稿，以为必中，却被当时的主编退稿，正是因为它以发表都市题材作品为主要特色。如今它尝试改版，寻求更简洁大方、有都市现代感的封面与版式设计，经营"都市小说双年展""广州元素"等栏目，显然都是尝试在"都市"这个关键词上有所掘进。让广州的文学地位与城市的综合地位相匹配，可能是它改版最直接的动力，但在更深的层次上，未尝不是想在城市与文学这对组合间做更精彩的文章。

当年的那个退稿故事，在这个层次上，依旧可以引为借鉴。借鉴什么呢？这要说到最近的另一个"见闻"了。

有一回和同行交流，一位编辑告诉我，他碰到过这样的作者：作品在这个刊物、这个编辑那里被退稿后，倘被其他报刊刊用，尤其是刊用作品的报刊看起来名头更大、等级更高时，作者会特意把版面和刊用信息发给退稿的这位编辑,大有对编辑"慧眼不能识珠"的奚落、"示威"之嫌。

当然,这样"粗暴"的做法应是少数,却也说明在部分作者中,对编辑"退稿"这件事存在非黑即白的认知局限。

在这些作者看来,"退稿"似乎意味着对自己作品的否定。但在编辑的视野里,"退稿"并不只和文章本身有关。投稿刊用与否,尤其是同一篇稿件,被这家报刊刊用、被另一家报刊退稿,更多时候,起关键作用的,是体裁、题材、风格甚至时机适合与否。给刊用长篇小说为主的刊物投寄中短篇小说与散文,往刊登纪实散文为特色的报刊投寄虚构作品,向以朴实为尚的报刊投寄幽微的意识流作品……这些只是最明显的例子,更多则在难以尽数言传的风格层面。这种"色彩"上的不匹配,并不鲜见。

意识到文学报刊"色彩"的差异并认真对待它,在"投稿"与"退稿"的问题上,作者与编者之间或许能产生更好的互动。

(2016 年 9 月 26 日)

文章里的精神

"予观夫巴陵胜状,在洞庭一湖……"北宋庆历六年(1046),范仲淹应邀写下《岳阳楼记》,距今九百七十年。本月中旬,《十月》杂志社邀约数十位诗人在岳阳楼下参与群诵《岳阳楼记》,以纪念其问世九百七十年,并就"历史资源与当代新诗写作"为主题展开热烈讨论。众声喧哗里,对《岳阳楼记》的重新体味与肯定,却是一致的声音。

《岳阳楼记》之前,岳阳楼上的诗文已然不少,唐人之诗尤盛。最著名的,有孟浩然的《临洞庭上张丞相》:"八月湖水平,涵虚混太清。气蒸云梦泽,波撼岳阳城。欲济无舟楫,端居耻圣明。坐观垂钓者,徒有羡鱼情。"还有杜甫的《登岳阳楼》:"昔闻洞庭水,今上岳阳楼。吴楚东南坼,乾坤日夜浮。亲朋无一字,老病有孤舟。戎马关山北,凭轩涕泗流。"李白的《与夏十二登岳阳楼》"雁引愁心去,山衔好月来"和贾至的《岳阳楼宴王员外贬长沙》"极浦三春草,高楼万里心"也至为精彩。诗歌史中堪称巅峰的唐代,白居易、元稹、李商隐等众多大诗人,都曾写下"岳阳楼"诗。

但最后,《岳阳楼记》这篇宋人的文章,却力压一众唐人诗歌,成了这座名楼塔顶的那颗明珠。为什么?有人说,是因为这篇文章真正赋予了岳阳楼一种精神。从此,岳阳楼与胸怀天下的忧乐精神不可分割、融为一体。"不以物喜,不以己悲""先天下之忧而忧,后天下之乐而乐"让这座楼有了足以抗拒时间侵蚀的巨大魅力。从此,写岳阳楼的诗中,忧乐之情常有。

当然,这只能说明文章里有精神是多么重要。但它为什么重要呢？离岳阳楼不远、属于洞庭湖水系的汨罗江或许可以给我们答案。前人有观点认为，屈原所在的楚国没能统一中国，但以他的创作为代表的楚辞，却"统一"了中国，不仅在文体上，而且在精神上给中国的知识分子带来了广泛而深远的影响。汨罗江畔的屈子祠里，有董必武所撰联"旨远辞高，同风雅并体；行廉志洁，与日月齐光"，或许正可以用来为这种精神点睛。

文章之不朽，大概多要仰赖于这精神吧。从"哀民生之多艰"的《离骚》，到先忧后乐的《岳阳楼记》，莫不如是。

(2016 年 10 月 31 日)

遍地写作者

这确实是个遍地写作者的时代。

此时，正值中国作协第九次全国代表大会闭幕。就拿中国作协来讲，目前个人会员已接近一万一千人。要知道，"文化大革命"结束后的1979年，第三次全国作代会时，中国作协会员才一千三百多人——这还是在当年9月新加了四百多名会员的情况下，王蒙、邓友梅、刘心武、贾平凹、叶文玲、张洁、卢新华、蒋子龙等都是当年新加入的会员之一。

就算经过了遍地都是文青的20世纪80年代，到1991年春，作协会员也仅有四千多人。

中国作协会员人数近四十年来的增长，当然不是情势的全部，甚至只能说是一小部分。

它还有各省、市、自治区作协和产（行）业作协等数十个团体会员，包含了数量可观的个人会员。在此之外，风起云涌的各类网络文学网站集结了大量网络文学写作者。

按几年前的统计数据，网络注册的写作者已经达到了两百万，而以不同形式在网络上发表过作品的人数更是十倍于此。

作协每年公示新会员名单，名字后面加括号注明网名的情形越来越多。各地网络作家协会也纷纷成立。而作家协会之外，必然还有海量的写作者在自己的写字台上奋"笔"疾书。

当年的博客，如今的微博、微信，无疑给了写作者最便捷与广阔的"发表"空间，不再仅限于杂志报纸、书籍出版等传统渠道。连以写作获得收入，也有了比以前丰富的形态。

所以我更愿意以"写作者"来称呼这个群体，它可能更切近这个时代的写作形态——除了心灵，别无门槛。

说现在写作的人比读作品的人还多，并不该被视为调侃。它可能是事实，也可能是洞见。当写作成为大众项目，写的人比读的人多，又有什么可羞惭、可否认的呢？

正因为它不再横亘门槛，所以它比以往任何时候都离人近，近到成为人群中日常精神交流的一股股洪流。

这其实是写作最有可能达到纯粹的时代——没有那么多"发表"的障碍，只是要凭写作举世皆知比往昔难多了，而数量惊人的写作者中能凭它获得物质收益的毕竟是极少数，所以也不必过度执着于金钱、名利，倒不如"我手写我心"，不为功利拘囿。

这也是写作者最需要定力的时代。遍地写作者，同样是嘈杂喧闹的。一万人在忙忙叨叨赶着海量发布，一万人在热热闹闹举办签售，一万人身在作家富豪榜上，一万人正为了对文学的不同理解唇枪舌剑……你可能会被席卷到哪个"一万人"里去呢？目光想穿透嘈杂喧闹，手底想稳当写点好作品，又是何其需要定力。

就把这当成是一种考验吧。谁耐得住，就更可能留得下。

(2016 年 12 月 5 日)

行万里路,不妨从脚下迈开第一步

其实，从完善认知的角度来说，"世界"未必就只有远方，"世界"也在身边。远方固然神秘，但身边一样充满了未知——就像很多时候，我们往往还没有完全认识自己所生活的这个城市。看世界，也别忘了身边的世界；行万里路，不妨从脚下迈开第一步。

周舒艺

感谢文字

新年伊始,"大地漫笔·编辑丛谈"与读者见面了。为了让编辑跟读者更加贴近,《大地》副刊开设这样一个栏目,以期成为编者和读者交流的一扇窗口。

作为编辑,平时打交道最多的是文字。看着一篇篇鲜活的文学作品,我深深感受到文字的奇妙。在我看来,文字不是冰冷的笔画、方块及其组合,文字是有温度的,是有筋骨的,是充满了力量的。它或许不能带来直接的物质利益,却永远给人以精神上的启迪与升华。它可以增长见识,可以慰藉心灵,可以激奋人心,可以净化灵魂。它润物细无声,丰盈起我们整个的精神世界。

然而曾几何时,我们渐渐地对文字少了几分敬畏,少了几分善待。当敲击键盘成为一种习惯,却忘记了一撇一捺的书写,甚至把生造、恶搞、扭曲文字的含义当作时尚。遥想古时,唐代诗人贾岛会为了"僧推月下门"还是"僧敲月下门"琢磨半晌,反复思量"推"和"敲"哪个更好。一字之差,意思迥然。"推敲"一词即由此而来。恰好我刚刚又看到一篇文章,介绍在古代有专门给文人墨客烧毁文字纸张用的"惜字炉",原来举凡是写有文字的纸张都不能拿来裱糊、包裹,更不能随意践踏丢弃,必须送到"惜字炉"焚化,此风俗在明清时达到极致。有的地方还成立起"惜字会",募捐筹款刊印善书,分发给百姓,宣扬惜字理念。千百年前的古人尚且如此,今人又该作何思想?

汉字已经成为中华文化一个最基本的DNA。于是,才有了世界范围的"汉语热",世界上有更多的人正在学习中国汉字;于是,在电脑广为普及的今天,人们更加重视文字对于文化传承的作用,防止越来越多的人"提笔忘字";于是,才有了许多有温度、有道德、有筋骨、有力量的诗歌、散文、小说、杂谈,在我们的《大地》副刊上与读者见面;也正是因为文字,作为编辑的我们,才有了与那一头从未谋面的读者们进行交流的可能性,即使相隔千山万水,依然天涯若比邻。

还能说什么呢?感谢文字。

(2015年1月19日)

故乡是条流动的河

春节即将到来。据有关方面预计,今年春运全国旅客发送量将超过28亿人次。这28亿里面,相当多的是由在他乡工作、生活的人们组成的浩浩荡荡的"返乡大军"。

与传统社会相比,当今社会的人口流动量剧增,离乡的人越来越多。于是,许多人喜爱通过书写这一方式来达到"精神上的还乡"。

还乡以及未及还乡的写作者们,热爱并钟情于在纸上还乡。扑面而来的乡音，村口的一条小路、一口老井、一棵古树，曾经看过的一场村戏、吃过的一盘家乡土菜，一起嬉闹玩耍的童年伙伴，还有那些古老的甚至渐已消逝的民风、民俗、民歌、民谣……

不禁想起古希腊哲学家赫拉克利特的一句名言：人不能两次踏入同一条河流。因为一切事物都在运动中。我想，如果故乡是条河流，那么这条河流也一定在不断地流动之中。可是，审视我们对故乡的大量书写，常常呈现的是一条久远之前已停止流动的河流。当河流停止了流动，是否将会变成一潭死水？

曾经有学者研究认为，"怀乡"是人类普遍存在的一种情绪。对记忆中淳朴而温情的故乡的回望，的确能够让写作者通过写作这一行为获得心灵上的安抚。然而，不可忽略的是，我们所处的时代，才是我们真正的写作背景。有句话说得好：重要的不是话语讲述的年代，而是讲述话语的年代。那么是否可以说，重要的不是故乡讲述的年代，而是讲述故乡的年代？

诚然，对于故乡的所有回忆，对消逝的时间、空间以及人和事的感叹与伤怀,都凝固成了记忆的"琥珀"。这些"琥珀"让人们记住故乡。它们值得我们珍藏。

但或许还不够。如果故乡是条河流,唯愿它在你我他的笔尖流淌的时候,既闪烁着历史的积淀和文化的记忆,也充溢着丰富的时代气息,汇聚着多面的现实观照。在这条河流的涌动中,我们可以读到自身所站立的这个时代所蕴含的传统的力量、文脉的传承,看到这个时代所显现的某些症候,听到这个时代所发出的历史的回声,感受到这个时代所彰显的种种情怀,触摸到这个时代所传递的最真切的温度。这,或许是更重要的。

(2015 年 2 月 16 日)

熟悉的地方依然有风景

人们常常抱怨自己所生活的地方有多么乏味,有人甚至认为,熟悉的地方没有风景。

这种心理映射到写作者那里,更成为一大苦恼或障碍。这些每天都会见到的风景,每天都身在其中的日常生活,已经是再熟悉不过,还有什么可说的呢?

熟悉的地方真的没有风景?

记得在笔者家乡,所上中学对面的巷子里有一棵古树,极其普通,却饱经沧桑。巷子里的人来来往往,很少有人会留意这棵树。但据史料记载,它就是著名的"南柯一梦"故事里所说的那棵大槐树。正是这些人们日常所见之物和所过之处,却蕴藏着丰富而深厚的文化内涵。

又想起一事。前段时间去浙江西部一地出差,当地地处山区,漫山遍野长满了竹子。这是当地最司空见惯的东西,它们平凡、不起眼,但聪明的当地人却用竹子养活了一代又一代山里人。竹篾编成了凉席、竹篮、筥箕等,竹笋用来做菜——竹笋入菜的做法尤其多,做成的菜能摆上一桌……谁能想到,小小的竹子在人们衣食住行方方面面有如此多的用途。

如果说熟悉的地方没有风景,那么只能缘于人们的熟视无睹。当内心越来越干涸、越来越沙漠化,敏锐的感觉、丰富的想象、鲜活的激情渐渐地枯萎,熟视无睹便在意料之中了。

写作这件事同样如此。它需要的是我们从熟视无睹走向熟视"有"睹。

巴金先生曾经赠给作家赵丽宏一句话:写自己最熟

悉的，写自己感受最深的。对很多人来说，最熟悉、感受最深的是自己的日常生活，那么就写写日常生活吧。事实上，一些优秀的作家写得最多的正是日常生活。日常生活在不同的作家笔下或许呈现出不同的形态，但共同点是对"日常"背后的价值进行的开采和发掘——它们让日常生活显得那样与众不同、活色生香。

谁说熟悉的地方没有风景？熟悉的地方依然有风景。

（2015 年 3 月 30 日）

重拾敬畏

今日谷雨。

谷雨是二十四节气之一。在古代中国，二十四节气深深地影响着人们的耕种劳作和休养生息，为此，古人做了相当多的研究和记载。每当我读到这些有关节气的种种文字时，感受最深的，不是复杂的历法和盛大的祭祀，而是贯穿于所有活动里，人们对苍天、大地，甚至对自身的那种深深的敬畏。

然而，对于我们所栖身的这个世界，今天的人们似乎少了一份敬畏之心。

近两年来,本报《大地》副刊推出了"名人故居"栏目。一篇篇美文,重温着历史的瞬间,带我们走入名家的内心世界,仰望他们的精神风范。从中也不难看出,各地对文化名人故居的保护越来越重视。但是,仍有一些地方对名人故居重视不够,甚至任其自生自灭,还有的对名人故居过度市场化、庸俗化利用等,这些有点令人难以容忍。这,是否缺少了一份对文化的敬畏?

作为编辑,平时看到的来稿中,有不少写的是故土和乡情。而这些年城乡建设中的一些做法,如大拆大建、乱拆乱建,让多少"乡愁"从此化为云烟。这,是否缺少了一份对历史的敬畏?

事实上,今天的敬畏在内容上更加广泛。譬如,为官者如果没有心怀对民众的敬畏之心,那么如何为百姓尽职尽责?为医者如果没有对生命的敬畏之心,那么如何以仁医之术救治患者?为文者如果没有心存对文学的敬畏之心,那么如何用手中的笔去"以文化人"……

这些，都需要一份起码的敬畏之心。

早在几千年前孔子就说过："君子有三畏：畏天命，畏大人，畏圣人之言。"心存敬畏，是孔子时代对"君子"的要求。今天，要成为一个完善的人，依然需要心存敬畏。而且，比"敬畏什么"更为重要的，就是"敬畏"本身——永远对这个世界怀有一颗敬畏之初心，以虔诚的态度、庄重的精神来面对我们所栖身的世界。

让我们重拾敬畏。

（2015 年 4 月 20 日）

张扬个性

"五一"期间,去博物馆看展览。在一处以俄罗斯为专题的画展中,一幅名为《伏尔加河沿岸泻湖》的画作,其创作背景引发了我的兴趣。1870年,两个年轻的画家瓦西里耶夫和列宾一同在伏尔加河沿岸旅行,《伏尔加河沿岸泻湖》即是瓦西里耶夫这次旅行后的作品,而同行的列宾的作品,则是人们同样熟悉的那幅《伏尔加河上的纤夫》。如今,这两幅画作都成了经典。

在20世纪20年代的中国,也发生过一个类似的故事。两位作家朱自清和俞平伯同游南京秦淮河,游览结束后,两人便以"桨声灯影里的秦淮河"为题做同题文章。作文的结果是众所周知的,两篇散文都很精彩,也因此一道留在了文学史中,百年过去,仍然未被人们忘记。

讨厌单调、厌倦重复是人类的本能,人们总是希望看到新鲜、与众不同的事物,重复、雷同只会给接受者带来审美上的疲劳。可是,同游伏尔加河后画出的两幅画作,同游秦淮河后写就的两篇散文,却并未因为一样的时间地点、一样的行程足迹、一样的所见所闻,甚至是一样的题目,而抹去对方的光彩,反而以各自独特的风格,在历史的长河里都占有一席之地。而当中的创作背景,甚至成了后人口中一段津津乐道的佳话。

在瓦西里耶夫的画中,人们看到了伏尔加河沿岸泛着金光的褐色泻湖、变幻莫测的云团,以及自然风景中蕴含的诗意;而在列宾的画中,人们看到的是伏尔加河畔艰难地拉着纤绳、饱经风霜的纤夫,以及底层人民面对苦难的坚忍不拔。面对秦淮河,朱自清以细腻的笔触描绘了一幅如诗、如画、如梦般的夜景图，情感热切、强烈；而俞平伯则展开了更多的哲思，情感理智、冷静。

想起了有一年某省的高考作文题目——"张扬个性"。对作家、艺术家及其作品来说，个性是不可或缺的标签。它可以是观察视角、叙述方式、特色语言、特殊色彩等，也可以是作品中所体现的作者的知识学养、人生经历、生命体验、价值立场等。画作也好，文章也好，正是它们所呈现出的个性，让人们记住了这些独一无二的作品。

张扬个性吧，让世界听到属于你的声音。

（2015年5月18日）

若以"初心"待写作

"六一"儿童节期间,读到几首儿童写的诗,印象颇深。譬如这首《鸟是大地的嘴巴》:"鸟是大地的嘴巴,/它通过鸟与世界沟通,/瞧,这不正和兄弟天说话,/听,现在又和哥哥太阳谈心事,/晚上了,不是又与妹妹月亮聊天吗?"还有这首《滑滑梯》:"叶子就像一个滑滑梯,/几颗小水珠凑在一起,/去玩滑滑梯,/他们排着队,/一颗接一颗地滑下去,/汇入欢乐的河流里。"诗很简单,但是当中呈现出来的意象,却让人耳目一新,给人以新鲜的阅读体验。

有一句话说得好：不忘初心，方得始终。我以为，初心是一个人最初始、最本真的心志。孩子们写诗，总是怀揣着一颗"初心"的，所以才写得出如此天真美好的诗歌。试想，如果换作成年人，大概怎么也不会想到将鸟儿比喻成大地的嘴巴，将树叶比喻成滑滑梯吧——这些比喻未见有多么高明、深刻，然而却充满了纯粹的力量。

对成年人来说，想要像孩子们那样以"初心"来对待写作，是一件很难的事情了。写作被附着了太多的东西，无功利的写作变得越来越少。在有的人眼里，写作往往只需要一个结果，而不再注重动机和过程。由此，想起那句：不要因为我们走得太远，而忘记了为什么出发。对于每一个写作的人来说，写作之路的出发点，几乎都是出于对写作发自内心的热爱。那么，当我们在这条漫漫长路上跋涉时，再回首，不妨扪心自问，昨日的那颗"初心"是否依旧？

由于工作原因，常常会接触到很多基层的写作者。

在他们当中很多人身上,我看到了那颗"初心"。有的人在本职工作之余坚持写作,甚至出了一本又一本作品集,不因为别的,仅仅因为热爱,所以提笔写作,并坚持下去。他们也许写得并不够好,但是对待写作的这颗"初心",让我感动,让我钦佩。

我还想说的是,若以"初心"待写作,少一些功利,多一份纯粹,写作也终将不会辜负你。

何止写作,世间的很多事情又何尝不是如此?

(2015年6月8日)

由"不讲究"想到的

前段时间和一位同行聊天,不免说到编辑这份职业最常做的事——阅读来稿。尤其是谈及读到质量较高的稿子时的那份愉悦,读到质量不尽如人意的稿子时的那份沮丧,"于我心有戚戚焉"。

不过话说回来,要求每一篇来稿质量都上乘,也是几乎不可能的一件事。即使是写作保持在一定水准之上的作者,也偶有"马失前蹄"的时候。所以在这方面其实也无法太过苛求。

但有些情况却是真的让人大跌眼镜甚至无法忍受了。有的引用古诗文和史实多处出现讹误,有的把古今一些重要人物的名字反复写错,有的直接将从网络上查到的内容成段抄录,有的前后文数次出现重复的语句……所以放下文章,第一反应便是,怎么这么不讲究?

不讲究,首先反映的是作者没有严谨认真的写作态度,没有对读者负责任的精神。而在更高的层次上谈论起文章的"不讲究",还包括谋篇布局的不合理、行文结构的无逻辑、语言文字的不准确等,这类现象并不鲜见。

常以为,讲究是一种美德,一种根植于中国传统文化深处的美德。品读中国传统文化,一个重要的感受正是"讲究"二字。譬如中国的传统工艺。清代人张潮《虞初新志》一书里收入有《核舟记》一文,作者魏学洢就详细描写了他所生活的明代一位叫王叔远的能工巧匠,在"长约八分有奇""高可二黍许"的桃核上雕刻出了一只完整的小船。船上有八扇窗,有箬篷、楫、炉、壶；有五个人，五人的姿势和神态各不相同，有的拿着手卷，有的挂着念珠，念珠甚至"可历历数也"；还有对联、题名并篆文共计三十四个字。一枚小小的桃核上，竟然刻有这么多内容，而当中的细节还都做了清晰的呈现。想来，能够创作出这讲究的工艺品的，必定是一位对技艺极其讲究的匠人——他是那么严谨认真，那么竭尽心力，那么精雕细琢。

在某种意义上，一篇好文章就是一件精致的工艺品。如同一枚桃核雕琢而成的"核舟"，给欣赏者带来的是赏心悦目的审美感受，那些讲究谋篇布局、行文结构、语言文字以及精神高度的文章，也会给读者带来美的享受。

文如"核舟"当讲究。

（2015年7月13日）

"文艺腔"与"烟火气"

最近,在网络上看到一个有意思的说法。有人说,现在有一种"伪文艺青年",他们"敏感,呻吟,矫情,明明身无分文还要不食人间烟火,明明缺乏理想还想过得波澜壮阔。成为这样的文艺青年实在是太容易了,不需要你创造,只需要你消费"。

说得也许有些偏颇,但可以肯定的是,对于"伪文艺青年"来说,文艺从来不是真正的爱好和追求,只是一种"装腔作势"——有人称之为"文艺腔"。

作家王安忆有一篇文章《日常生活的常识》就说到了这种脱离生活的"文艺腔"。文中举了一个例子：某部电影中，女主人公在送孩子去看完急诊后，来不及吃午饭，只能啃一个烧饼。在王安忆看来，"她很艰难地啃了一口，随即热泪盈眶。这个镜头很是被专家们称道，可实在觉得文艺腔太重了，不像。一个被生活煎熬了多年的人，对这些该是习以为常，早已经具备应付能力了"。而另一部同样写一个女知识分子的电视短片里：天黑，女主人公下班回家，孩子一人在家已久，忽然，从门外往床上扔进一只包，紧接着，又扔进一件外套，再接着，就听见油锅爆响了，然后听那女教师朗朗地叫了一声：酱油！小孩子立即应声送上酱油。……这一情景就有常识了，它不像前者那样顾影自怜，而是，真的很艰辛。所以，一个打动人心、赢得人心的情节，必然是合乎了生活的情理、常识和逻辑的。如王安忆所说："……身边的百姓生活的常识，那里面的寻常道理，其实也是容易被忽略的。但就是这寻常道理，因和你我他都有关系，却最为触动。"

前几天，我参加了一部名为《匠人》的新书读者见面会。作家申赋渔在书中写了自己故乡的一位位匠人，瓦匠、篾匠、豆腐匠、扎灯匠……那些乡村手艺人，他们的人生故事和命运沉浮。书的装帧由书籍设计师朱赢椿操刀，他向读者们分享了这本书的设计理念，其中的一个细节，让人印象深刻：书中，在每一位匠人的故事前面都留一页，上面大大地写着这种工匠的称谓。原本这些字打算请专业书法家来写，但后来感到和书中所写人物及故事的气息并不契合，于是决定采用手写，模拟乡村店铺门口招牌上的字，那是没练过书法的乡村普通百姓写出来的字。但恰恰在这种字的身上散发着的，才是真正的乡村气息。

其实，"文艺腔"本身并不是坏事，真正需要杜绝的是没有"烟火气"的"文艺腔"。因为，文艺和生活从来不是脱节的。成为"文艺青年"而不是"伪文艺青年"，需要置身于生活之中，在生活的"烟火气"里熏陶；需要通过"文艺"这个无形的东西，提升自己的内在世界，或是由此去探索心灵之外广阔的外在世界；需要从生活这部大书里孜孜不倦地汲取养分，进而结茧成丝，回馈生活。

（2015年9月7日）

"物各有短长"

前几天举行的茅盾文学奖颁奖典礼上,作家李佩甫发表的一段获奖感言,听后颇有感触。他曾在网上看到一篇《"小鲜肉"秒杀老作家》的文章,讲的是时代变了,文学的类型化使阅读有了更多选择,于是他说:"的确,社会生活的变化令人瞠目,但真正让人纠结的,不是担心被年轻人打败,而是面对变化,自己怎样才能找到准确的、最适合于自己的表达方式。"

随着社会变化日新月异,文学也朝着越来越多元化的方向发展，早些年传统意义上的纯文学一统天下的格局早已被打破。尤其是以网络文学为代表的文学生产方式，以及类型文学的百花齐放，给纯文学带来了巨大的冲击，网络文学作家们占领了相当一批读者市场，也赢得了丰厚的经济收益。在这样的文学生态格局之下，对每一个作家而言，找准自我的定位，找到适合自己的表达方式，与时俱进，尤其重要。

由此，想到不久前参加的一个关于报告文学的研讨会。会上，专家学者们谈到报告文学在当下的发展状态，与20世纪八九十年代报告文学的繁荣情况相比，报告文学的发展的确遇到了很大的瓶颈。但是，瓶颈并不意味着就没有发展的契机。一位评论家提出，相比其他文学样式，相比发展迅猛的类型文学，报告文学最重要的特点是真实性，其真实性可以让它找到自己很好的发展空间。"找到自己的发展空间"，我以为，与李佩甫所说"面对变化，自己怎样才能找到准确的、最适合于自己的表达方式"，有异曲同工之义。

西汉刘向所著《说苑》里有一个甘戊与船夫的故事。

甘戊出使齐国，来到一条大河边，船夫说，河面很窄，你却不能自己过河，那还能替王去游说吗？甘戊在回答"物各有短长"之后，洋洋洒洒说了一番："骐骥骅骝，足及千里，置之宫室，使之捕鼠，曾不如小狸；干将为利，名闻天下，匠以治木，不如斤斧。今持楫而上下随流，吾不如子；说千乘之君，万乘之主，子亦不如戊矣。"确实，任何人和物都各有其长，文学创作亦同样道理。

在大众阅读口味越来越分化和多元的今天，找准适合自己的表达方式，便是要发挥好自己的所长。若是真的做到了如此，我想，"小鲜肉"能吸引"粉丝"，老作家及纯文学的作家们也一定不会失去读者群。事实一再证明：真正的好作品，自然有其坚定的支持者，终究会收获沉甸甸的热爱。

（2015 年 10 月 12 日）

那些穿越了时间的文字

一千二百年前的一个秋夜,姑苏城阊门外,停在枫桥边的一叶小舟上,一个叫张继的人此刻辗转难眠。此次赴京赶考,同窗们纷纷高中,唯有自己榜上无名。失意之下,一人漂泊至苏州城,泊舟于城外的枫桥边。正是深秋,夜已残,月已落,漫天寒霜,江边的红枫映着明灭的渔火……面对此情此景,想到自己的遭遇,怎一个"愁"字了得!"月落乌啼霜满天,江枫渔火对愁眠。姑苏城外寒山寺,夜半钟声到客船。"失意的张继,写下了一首满是愁绪的诗。

张继大概永远想不到的是,千年以后,人们居然还会记得这首诗,而后来的一代代人,也因此记住了他。虽然,他只是一个落榜者,千年后的人们未必会记得,甚至都不知道那一年其他的赶考者是谁,但他们却因为一首诗而深深景仰一个叫张继的人,并将其写入历史。

因为作品被后人传诵而记住作者,这种现象并不少见。一句"春江潮水连海平,海上明月共潮生",人们记住了张若虚,于是有"孤篇盖全唐"之誉;一句"僧敲月下门",人们记住了贾岛,于是有"推敲"一词的诞生……因为一篇篇名作,历史的长河里闪烁着一个个闪光的名字。

文字的力量,大到足以穿越时间。

还是以诗为例。前些日子,因为策划、编排纪念抗日战争胜利七十周年专版,便重读了抗战时期的诗歌。读后很是感慨。七十多年过去了,时代已经发生翻天覆地的变化,但是再读那些诞生于战火中的诗句,依然触动心灵。"我把全部的力量运在手掌/贴在上面,寄与爱和一切希望，/因为只有那里是太阳，是春，/将驱逐阴暗，带来苏生，/因为只有那里我们不像牲口一样活，/蝼蚁一样死……/那里，永恒的中国！"（戴望舒《我用残损的手掌》）"静静的，在那被遗忘的山坡上，/还下着密雨，还吹着细风，/没有人知道历史曾在此走过，/留下了英灵化入树干而滋生。"（穆旦《森林之魅》）"我说，这是最后一次的眼泪了，/哭泣是一件很可羞耻的事。"（巴金《我说这是最后一次的眼泪了》）……这样的文字，现在读来，依然充满了力量。

想起梁衡先生不久前刊发在本报《大地》副刊上的一篇短文《命薄原来不如纸》。文章感叹：与宣纸的千年寿命相比，人的生命无疑是短暂的，"看来，人如要寿，只有把生命转换成墨痕，渗到纸纹里去"。是啊，生命终有一天会终止，但文字，可以永远活着。

那么，还是专心于写作吧。但愿每一个写作者，都别辜负了自己的文字；但愿每一篇文字，都别辜负了这个时代。

（2015 年 11 月 16 日）

当古筝遇到琴弓

前些日子,去看了一场中国民族器乐音乐会,结果颇出乎意料。本以为是一场传统的民族乐器演奏的民族音乐会,确实舞台上看到的乐器也是琵琶、古筝、二胡、竹笛,但从演奏的曲目到乐器的演奏技法上都与想象的不同。乐曲的"旋律"似乎还有中国民族音乐的元素,但指间轻弹的琵琶分明成了可以拍打的"小鼓","大珠小珠"伴着"嘈嘈急鼓"纷纷坠落;古筝演奏在花、撮、轮、摇、扫、琶、刮、拍之外,居然加上了琴弓拉奏……

也许，这只是一次探索甚或"探险"，但却打破了我对民乐认知的"惯性"——当古筝遇到琴弓——原来民乐也可以这样演奏。

的确，改变既定的思维、打破长久的惯性，真的不是一件容易的事。对于一种艺术样式如此，对于一个人来说更是如此。选择走熟悉的路，按照惯性前行，便不会遇到麻烦、危险和痛苦，只会带来简单、安全和舒适，这是人类的天性。要去对抗自我的天性，何尝是一件容易的事呢？

又想到文学创作这件事情。往往在写作者身上，容易有一种惯性现象——"自我重复"，即不断地重复某一类题材、某一个主题、某一种结构、某一个句式……或者是类似的场景、类似的故事、类似的开头、类似的结尾，多次出现在自己不同的作品之中。甚至，在一些知名作家的写作中，有时也存在着某种"自我重复"的痕迹。当然，这种"自我重复"不等同于"自我抄袭"。抄袭有着较多的主动意味，而重复多是无意识的思维定式。

敢于打破写作上"自我重复"的惯性，不仅需要勇气，而且需要意识到写作惯性的存在及它所带来的"自我重复"的后果。遥想杜甫当年，面对锦江"水如海势"、波涛汹涌，就已吟出了"为人性僻耽佳句，语不惊人死不休"的感悟。记得有一位知名作家在推出自己的新作时，也说过这样一段话——至少读者们能从这部新作品中发现，这个作家还能写出令人耳目一新的东西，而不是拾自己的牙慧，没完没了地重复可怜的三板斧。于一个写作者而言，不该缺失的，当有这份自我求变的追求。

需要警惕的是，向惯性说不，切不可丢失了其中的"本体"。如此，即使加上了琴弓，古筝也还是那个古筝。

（2015 年 12 月 14 日）

腊月的味道

一进腊月,春节就越来越近了。

人们在腊月里忙前忙后。先是买来各种果品等,为腊八节做准备——这一天,人们喝腊八粥、泡腊八蒜、晒制腊八豆腐……然后,便开始着手购置各色年货。腊月二十之后,更是越发地忙了。二十三"祭灶",二十四"除尘",接着还有磨豆腐、腌腊肉、写春联、发面……

一想起腊月,脑海里突然冒出女作家梅洁前年腊月发表在本报《大地》副刊上的一篇文章，题目就叫《腊月的味道》。文章里，作家回忆了自己从儿时，到为人妻、为人母，再到有了第三代，所经历过的那些忙碌的腊月。小时候，母亲"一进腊月，就分外忙了起来，除了一双又一双、一件又一件地为我们赶做新鞋、新衣，就是变着法地做各种美食"；后来，自己在腊月里为丈夫和儿子打糯米糍粑、酿米酒、蒸包子、腌冬菜；再后来，是与儿孙厮守着共度这一年的腊月……

两年过去了，我至今仍清晰地记得与梅老师沟通这篇文章时的情形。因为文章刚发来时篇幅有点长，作为编辑，我便想删去其中的部分内容。当我说道，文中作者与小孙女对话的那段似乎啰唆了，是否可以删去？梅老师却坚持想将此段保留。她认为，正是在与三岁的小孙女"没完没了地对话"中，她的内心"升腾起无比的温馨感和幸福感"，这才是她的"腊月的味道"！

梅老师说服了我，这一段最终没有删去。事实证明，这样的选择是正确的。文章见报后，有不少读者在电子版上留言说，祖孙俩的对话很感人，以至于看得都流泪了。

这让我思考。我想,之所以流泪,原因即在于这一段对话有强烈的真情实感。这世上,哪一个疼爱儿孙的长辈不是如此?哪一种深刻的亲情不是如此呢?在梅洁的笔下,腊月的味道就是生活的味道、亲情的味道,是"万千烟逝之后的一种情之归依"。而这一段,用琐碎的、朴素的、真实的语言,熬出了最浓烈、最直抵人心的——"腊月的味道"。

用真心,写真情,便一定能够打动读者。

《腊月的味道》里,作家梅洁在文章结尾中说,这是"这个腊月里我感受到的最难忘的味道"。两年后的腊月,作为编辑的我又想起了这篇文章,我能够"感受到的最难忘的味道",是一个"真"字。

(2016 年 1 月 11 日)

不变的仍是热爱

翻看去年以来本报《大地》副刊编发的作品,对两位作者印象深刻。一是去年已八十九岁的老诗人李瑛,二是四年级小学生郑纬华。巧合的是,两人的作品都是诗歌。细细思考两位作者的写作,颇给人以启发。

年届九旬的老诗人李瑛,在过去的几年间,尽管父母、妻子、唯一的女儿相继离世,这位老诗人却依然顽强,并用诗歌来面对沉重,表达内心的力量。"尽管你歌唱一生已嘶哑和苍老/但只要有它,就能告诉你的亲人/他们走后发生的一切/就能向我们讲述/生命的重量和美丽的毁灭/讲述美学经验和道德选择/就能倾诉你不渝的爱情和痛苦/就能吻你所爱的这个世界和/夜半难忍的哭泣/只要还有那张嘴/就可以听见你继续歌唱。"(《灵魂是一只鸟》)这让人不禁想到三年前诗人发表在本报副刊上的那首《比一滴水更年轻》——"当手杖/成为我世界的一部分/我却比一滴水更年轻/因为这个时代/因为我的祖国"。怀着一颗豪迈而激情、顽强而坚定的"诗心",就算是耄耋之年,就算是遭遇苦痛,却仍然踏遍青山人未老,甚至可以"比一滴水更年轻"。

还是诗歌,四年级的小学生郑纬华写出的诗句则充满了童心。"风,会是什么形状呢/哦!/原来风是圆形的/当风走过风车/风车总会快活地转呀转/跳着优美的舞姿/原来风像手的形状,/船开得很慢时/风走过船尾/用大力士般的力气/推向小船/小船就兴冲冲地跑向远方/原来风像冰棒一样的形状,/当风经过小孩子的脸颊,/小孩子就说:/好舒服呀!"他想着风的形状，甚至想到了风的所想，"风，千奇百怪／谁也不知道它下一秒／会变成什么样／但人们都知道／风，有它的快乐／也有它的烦恼"。大概只有十岁左右的孩子，才会有如此天马行空的想象力和新奇的比喻，写下这么充满童真、童趣的句子。

在我看来，这年龄相差有八十个年头的一老一少，不论是不老的诗心还是纯真的童心，相同的都是"热爱"二字。这种热爱，分明是发自内心的，是纯粹的，不掺杂任何功利色彩的。这种热爱，包括方方面面，对生活的热爱，对人生的热爱，对诗歌的热爱，对世界万物的热爱……也正因为热爱，所以才让我们在他们的诗作中，看到了澎湃的诗情、生活的勇气、无边无际驰骋的想象，以及看待世界的另一个视角。也正因为热爱，所以人们才有了好奇心，有了选择，有了付出，有了奉献，有了坚持……

我以为，在当下的社会中，热爱是一种可贵的品格。现代社会里，繁杂的生活，浮躁的心态，早使人们失去了倾听内心的时间，放弃了对纯粹的追求，却也因此变得焦虑不安。热爱，也许不能带来物质上的利益，却一定能够带来心灵的充实和精神的富有。

还是说回到上面的两位作者。

新年即将到来。于此，人们既为新年的到来而快乐，又为时光的匆匆而无奈。新年，一方面代表新生、新的气象，另一方面意味着时间的流逝。毕竟，谁能阻止年龄的自然增长？谁能与时间进行抵抗？但，事实也并不尽如此。耄耋之年的老诗人李瑛，走过了时间，他的诗作中饱含着生命的体验和人生的况味，但是，却又让人分明地看到了诗歌不老、诗心不老、诗人不老——在他那里，原来，时间并非不可抵抗。

想要在一个十岁左右的孩子笔下，看到一个八九十岁老人那般深刻的人生境界，大概是很难的，也是不现实的。但这并不意味着孩子的诗作就是幼稚和肤浅的，他们笔下的比喻、意象和句子，常常超过了他们的年龄，当中的哲理有时让成年人感到惊讶、表示赞同，甚至自愧不如——在他们那里，原来，时间未必就是障碍。

可见，于一个人而言，因为热爱，时间这样一种概念便不再具有绝对的意义，它在他们的内心深处，已经被击碎、被打败、被超越了。

这种热爱，对于编者、作者、读者而言，尤为珍贵。读者和作者对《大地》副刊的热爱，是我们编辑工作的动力；而编辑对本职工作的热爱，是读者和作者信任的源泉。因为热爱，编者、作者与读者之间，达成了无言的默契。

年复一年。老去的只是时间，不变的仍是热爱。

（2016 年 2 月 1 日）

总把新桃换旧符

"爆竹声中一岁除,春风送暖入屠苏。"

今天是大年初一。家家户户门前最先映入眼中的,当是门上贴的新春联了。一副春联,表达了人们对新的一年多少美好的愿景。

年年春联年年新。不管上一年的春联内容多么精彩,哪怕纸张色彩依然鲜艳,新的一年,人们总要换上新的春联,"旧符"换作"新桃",寄托新的祝福。

有此一说,"桃符"原来是古时挂在大门上的两块画着门神或写着门神名字，用于避邪的桃木板，由于后人往往把春联贴在桃符上，于是后人就以"桃符"借指"春联"。难怪王安石要在《元日》这首诗中这样写道："千门万户曈曈日，总把新桃换旧符。"清代富察敦崇在《燕京岁时记·春联》里也说："春联者，即桃符也。自入腊以后，即有文人墨客，在市肆檐下，书写春联，以图润笔。"春联，已成为中华传统文化的内容之一。

年前去买春联，发现在卖春联的柜台前聚集了很多人。我忽然发觉，现在，过年的很多传统习俗都已经丢失了，但家家户户买春联、贴春联的习俗始终没有变。不过，春联的内容总是随着时代和生活的变化而变化。这倒让我想起歌德的一句名言——"忠于守旧，乐于创新"。春联是传统的，千百年来，它走进千家万户，传承着中华传统文化，广受大众欢迎；春联又是与时俱进的，每一个新名词都深深地烙上时代的印记，讲述着新成就，描绘着新希望。

近几年，每到临近春节，本报《大地》副刊都会刊发一批春联，当中的一些句子也总能让人读出时代的精神，令人耳目一新。譬如前几日《大地》副刊刚刚刊发的一组春联："禹甸高扬丝路曲／中枢大写小康诗""玉宇生辉，桑梓斑斓邀客赏／金猴献瑞，城乡璀璨笑春归""刷新朋友圈，春风布局十三五／点赞时间表，好梦擎旗亿万千""丝绸古道重光，宏开伟业铺双轨／科技荣膺诺奖，绽放东风第一枝"……这里面，既有对过往一年的回顾和总结，又有对新的一年的期盼和展望。而诸如"丝路""朋友圈""十三五""点赞""诺奖"等词汇，更是体现着时代的热点和生活的变迁。

从某种意义上说，春联，不仅是一种民俗文化，而且是一种最"微小"的文学形式。春联的创作者，除了古今诗文大家，大多还是来自长期工作在第一线、扎根于生活深处的普通百姓。他们的"创作"可能不够"专业"，却很质朴；不仅守"旧"，且善创新。

我们的许多写作者，在埋头"大块文章"之余，不妨也向这小而又小的春联学习学习，如何？

（2016年2月8日）

春天，"种"下一把椅子

古人云，"种瓜得瓜，种李得李"。

但是，如果种下一粒种子，长出一把椅子或者一张桌子、一盏灯罩呢？

这不是不可思议的事。最近网上流传的一个故事，让我们大开眼界。英国的一个天才设计师加文·芒罗在自己的植物工厂中，通过修剪、嫁接、模具塑性等方法，刻意地改变小树的生长方向，最后"种"出了一把椅子。每年春天，他把种子播下，到了秋天的时候，他的庄园里就长满了"家具"。而用这种方式培育出的"家具"，不仅贴近自然，而且美观好看，结实耐用。

这件事，是不是说明"创意"很重要？人们都知道种树、砍树，然后将木材加工成家具，却几乎没有人想过，要是直接从种子里长出"家具"呢？加文·芒罗想到了，还将这个看似天马行空的奇思妙想变成了现实。他最初的设计灵感来源于年少时在母亲后花园的所见。当看到一棵树长成铁王座的样子，他便设想，能不能有一天"种"出来一把椅子？谁知，一年后，在自己的小花园中，他真的"种"出了一把椅子的雏形，证明了这个设想的可行性。芒罗的创意在某种程度上也改变着生活，人们所使用的家具从此又多了一个新种类。事实上，小到日常生活，大到社会进程，很多或小或大的变化和进步，正是在点点滴滴创意的汇集和积累之下实现的。

不过，创意也是需要立足于实际的。加文·芒罗的植物工厂里长出的作品，首先，需确保种下的种子必须能够长出树；其次，这种树必须有可塑性，可修剪、嫁接，适合做家具使用；再次，就是要进行合适的造型设计和精心的塑造、培育了。如果不能满足上述条件，芒罗的创意再好，大概也是无法实现的。那些不切实际的想象，如"春天种下一张钞票，秋天就会收获一堆钞票；春天种下一个女朋友，秋天就会收获很多个女朋友"，不过是异想天开、博人一笑罢了。

文学创作何尝不是如此？我国古代文学理论家刘勰在《文心雕龙》中说："古人云，'形在江海之上，心存魏阙之下'。神思之谓也。文之思也，其神远矣。故寂然凝虑，思接千载，悄焉动容，视通万里；吟咏之间，吐纳珠玉之声，眉睫之前，卷舒风云之色：其思理之致乎？故思理为妙，神与物游……"的确，如果一部作品诞生之初就重视了创意，有了精巧的构思、精心的设计、独到的思考，最后的结果往往会令人惊喜。

那么，还等待什么？去"种"一把椅子，正是春暖好时光。

（2016年3月21日）

垒稳每一级台阶

曾经看过一幅关于读书的漫画。图中三人,第一人站在平地上,眼前是日常所见的场景;第二人站在一堆书上面,见到的却是一片混沌,远处有一丝曙光;第三人则站在一堆摞得很高的书上,当书堆的高度跨越了漫长的黑暗之后,他看见了更加灿烂的阳光和更加辉煌的世界。

这应该说的是读书需要积累。的确,当我们读了一定数量的书,最初可能会产生迷惑之感,但是,当知识积累到一定程度，就会拨开云雾见到阳光，眼前豁然开朗。

看着这幅漫画，我却想：书堆如此之高而不倒，选择哪些书、怎样进行堆放，大概是很需要讲究方法和技巧的。而且，站在这么高的书堆上，怎样才能做到站稳了而不摔下？稳度决定高度，光有书的堆砌并不够，保持书堆的不倒才能达到一定的高度；站稳脚跟，也才能顺利地到达新的境界。延伸开去，是不是可以这样说，知识的积累固然重要，但是仅仅只有积累其实并不够，还需要有选择地进行消化和吸收，找准自己攀登书山的路径。

大概没有一个时代像今天这样面对着海量的知识。网络时代，人们可以随时随地上网，源源不断地接收新的知识。打开当下流行的微信，各种转发和分享的信息中，上至国家大事，下至个人养生，远至古代人文，近至当代美文，所包含的信息量大得惊人。但是又带来了另一种烦恼。当各种信息鱼龙混杂、如潮水一般涌来时，如果不能有效地选择其中适合自己的、精华的内容，便会有被这"潮水"吞没的危险。

如何做出正确的选择？考验的是一个人的判断力。判断力建立在丰富的实践和探索之上。它的来源，有直接经验，即自己的亲身经历和思考；也有间接经验，即从书本或他人那里所得。由此想到每天接触的许多稿件。我一向不爱读这样一种文章，满篇是资料的堆砌、空洞的描写、肤浅的抒情，而对那些闪烁着个人智慧、蕴含了作者独特见解的文字情有独钟。优秀的文章，应该体现着作者丰富的知识积累、生活积累，以及深刻的思考和准确的判断力。

现实生活里，大多数人所处的情形是漫画中的第二个人的情形。毕竟，在知识的海洋里进行有选择的消化和吸收，并非易事。因为强大的、准确的判断力的形成乃是一个漫长的过程，不是一朝一夕即能获得的。如果每一本书都是一个台阶，那么，只有垒稳每一级台阶，找准自己攀登的路径，才会站到高高的书堆上看见美好的阳光。

（2016年4月18日）

在路上

前些日子，我收到一位已年届九旬的老诗人寄来的诗集，随诗集附上的还有一封手写的信。读后，很是感动。信中说，"我很愿听到年轻朋友们的意见""我写的每一首诗都是尝试和探索，也许不成功，但我的追求是严肃的"。一位成名已久的前辈对待年轻的后辈编辑如此真诚和谦虚，一个九十岁的老人在创作上仍然孜孜不倦地追求。

这让我想起曾经收到的另一封信。对方也是一位非常著名的作家。联系约稿后没过多久,文稿便如期寄来,并随之附上一封手写的信。当中的几句话至今印象深刻,说的是文章的标题想了两个,请我们斟酌哪一个更好。一位鼎鼎有名的大作家,主动"弯下腰"来,请编辑斟酌其文章标题,真是让人既诧异又感动。

将两封信放在一起,我看到了前辈们为人的品格和为文的追求。

为人的品格不必多说,这里不妨就为文的追求多说几句。

有这样一类作家,他们在创作上能够不断地寻求自我突破。即使一部作品获得成功、广受好评,他们也不沾沾自喜,而是会去攀登新的高峰,永不满足。前几天和朋友聊天,便说到几位或是之前或是刚刚获得了重要奖项的作家。他们在获奖之后,都很快地投入到新的创作之中,有的甚至谢绝所有采访活动,排除一切干扰,以保证全身心地进行创作。鲜花有了,掌声也有了,顶着"功成名就"的光环,他们仍然保持着创作的激情和定力,在创作之路上不断前行,这样的精神和境界值得点赞。

"在路上",对于他们来说,已经成为一种生命的存在方式——永远在过程中,一直未抵达终点。这种存在方式,当然是伴随着挑战和收获的。因为追求,因为前行,因为前方的道路不具确定性,所以充满挑战;而尝试和探索,则会带来或是成功的经验,或是失败的教训,无论哪一种都是宝贵的收获。

"在路上",是一种人生态度,也是一种写作态度。

在前面提到的这些作家们看来,创作这条路也许永远没有终点、不会结束,他们永远在路上,一直在赶路,在接受挑战的同时也收获满满。对于普通写作者们来说,"在路上",是一条应该信奉的真理,尤其是当因为出了几部作品就收获了诸多称赞时,意识到"在路上"就显得更加重要,它仿佛一种提醒,如同一声警钟。

写作,永远在路上。

(2016年5月16日)

山雀子衔来的江南

"山雀子噪醒的江南,一抹雨烟。"

可能不少人在诗歌朗诵会上听过这首诗歌。前些日子休假回了趟老家,已过烟花三月,没想到,除了花如烟,还有雨如烟。在家几日雨天连绵,和北京少雨的气候形成鲜明对比。清晨,迎着蒙蒙细雨,走在长江边这座古城的小巷里,我脑海里蓦然而出的就是饶庆年先生的这首《山雀子噪醒的江南》中的诗句。

说起雨,不同的人自然有着不同的反应。普通百姓想的多是，近日雨水连连，出门一定得记着带上伞。而文学家们，则从另一个角度看到了雨和这片地域的文化内涵的内在联系。他们敏锐地发现江南这片土地上的雨，温和、缠绵、细腻、婉约、朦胧……与这片土地自古而今的风土人情、精神文化特质极为契合。于是，他们妙笔生花，写尽了这片土地上的雨，而雨，也无尽地渲染着这片地域的精神气质和文化内涵。那些大量的经典诗句便是极好的证明：从唐代杜牧的"南朝四百八十寺，多少楼台烟雨中"，到宋代贺铸的"一川烟草，满城风絮。梅子黄时雨"，到现代诗人戴望舒的"撑着油纸伞，独自/彷徨在悠长，悠长/又寂寥的雨巷"……以至于后人们说到"小桥流水"，必然会想到烟雨笼罩中的朦胧倩影；说到"小巷深深"，必然会想到雨中那光滑的青石板路面；说到"江南"，必然会想到"烟雨江南"的诗意意境。

地大物博的中国，不同地域的文化之间存在着很大差异。当我们的笔触涉及某一地域的时候，"及物"不失为一种更容易接近其地域文化和精神内核的方式。

再说回到"江南"。除了"雨",还有哪些风物最能代表江南文化?《中国国家地理》杂志就曾做过评选,选出了最能体现江南精神的十二种风物,它们是:乌篷船、大闸蟹、辑里丝、龙泉剑、蓝印花布、油纸伞、黄泥螺、龙井茶、霉干菜、扬州澡堂、紫砂壶、绍兴酒……也许不尽如此,但是,放眼整个中华大地,每一块土地都不缺少这样的最能体现其文化精髓的风物。

在我看来,这里的"物",在文学书写中恰恰发挥的是"意象"的作用。它们从来不是"物"本身,在它们的身上,总会象征或寄寓着些什么。这让人想到中国古典文学里的咏物诗。诗中,诗人们借物抒怀、托物抒情、寄情于物,这也成为中国古典文学的一大重要传统。而古人们借物、托物手法之高超,也为今人留下了珍贵的历史遗产和无限的学习空间。今天我们所说的"及物"的书写,譬如饶庆年先生的这首诗,与此可谓是异曲同工。

回京城已数日,我眼前依然是家乡的细雨,淅沥雨声中,是烟雨般的诗句:

我的心交给了崖头的山雀

衔一片喜悦装点我迟到的春天

山雀子衔来的江南,一抹雨烟

(2016 年 6 月 13 日)

走出去"看世界"

"世界这么大,我想去看看。"曾几何时,一封辞职信里的一句话勾起了多少人想去"看世界"的美好愿望。有人说,看世界是因为一种向往;有人说,看世界是因为一种情怀。但我以为,看世界更是出于人类认知不断完善的需要。

人类认识自己所生存的这个世界的过程便是通过"看世界"这一行为而完成的。时光倒转六百多年,从 1405 年开始,在二十八年间,郑和率领中国大明王朝的两百多艘船航行在世界的海域上,造访各国。16世纪,一批欧洲的探险家也纷纷离开脚下的土地,探求外面未知的世界。船队扬起了风帆,或是经过一处狭窄的海峡,或是来到一片陌生的海域,或是踏上一方新奇的土地……渐渐地,人们对自己所生存的这个世界有了越来越完整和清晰的认知。可以说,正是因为一代代探险家的"看世界"之举,正是在他们所贡献的文字记载和地理图像的基础上,今天的人们才建立起了关于整个世界地理的科学体系。

郑和下西洋以及哥伦布、达·伽马、麦哲伦们的远航,让人想到中国的一句古话:读万卷书,行万里路。这里的"读万卷书"不一定是真的读上一万卷书,"行万里路"未必是真的走上一万里路,而旨在说明:知识既来自书本,也来自实践;既来自间接经验,也来自直接经验。而且,在某种意义上,实践比书本更重要,从直接经验中获得知识比从间接经验中获得知识更具说服力。

上个月,我参加了中国作家协会组织的"重走长征路"采风活动。古田会议会址、才溪乡调查旧址、松毛岭战役遗址、觉山铺阻击战遗址……沿着当年红军长征的路线，我们行走在闽西和桂北大地上。多少次了，我曾在书本中、银幕（荧屏）上读到、看到很多相关的文字和影像，然而，当真正走进这些历史的发生地，所带来的震撼却是任何一次读书或观影都未获得过的。八十年前的那段历史在瞬间又活了起来，我的眼前仿佛满是当年血战的壮烈场面，耳边仿佛正在呼啸着历史的隆隆风雷。那一刻，我真正理解了陆游那句诗所说的"纸上得来终觉浅，绝知此事要躬行"。

"世界这么大，我想去看看。"在情怀至上的人眼里，世界一定是远方，远方让人充满向往，"看世界"便是去远方。然而，并不是人人都得以去远方。其实，从完善认知的角度来说，世界未必就只有远方，世界也在身边。远方固然神秘，但身边一样充满了未知——就像很多时候，我们往往还没有完全认识自己所生活的这个城市。看世界，也别忘了身边的世界；行万里路，不妨从脚下迈开第一步。

（2016 年 7 月 11 日）

文章的"样子"

据说,一篇好的文章是该有个"样子"的。这"样子"如果拼成实物一定很怪,可是用于描述文章,倒是很形象。元代文人乔梦符曾经给它画了个像——"凤头""猪肚""豹尾"。其实,这个比喻的意思众所周知:文章的开头要像凤凰的头那样美丽而精彩,主体要像猪的肚子那样饱满而充实,结尾则应像豹子的尾巴一样有力。

这是个老而又老的比喻了。突然想起来,是因为我前些日子在网上看了一部电影。影片的开头很是吸引我，接下来的发展也非常好看，顿时为自己选中一部不错的电影而高兴，同时更期待着这部电影最后精彩的结尾。然而让人失望无比的是，影片的结尾却落入俗套，毫无新意。一部本可以成为佳作的电影，却因为一个失败的结尾而满盘皆输，实在可惜。

当然，相比那些刚看了开头就被放弃的作品来说，这部已经精彩和幸运许多。曾经还看过一些电视剧，与前面所说的情况相似——开头吊足人的胃口，可是接下来的剧情发展却拖沓无比，最后终于"拖"到了结束。

凡此种种，大概都不能称之为一部好的作品。

影视剧作品如此，文学作品同样如此。大到一部长达百万字、几十万字的长篇小说，小到一篇短短的千字散文，开头、中间和结尾三个部分的经营，缺一不可。精彩的开头，会立刻使人产生将这部作品读下去的愿望；充实的主体，则让人越读越有味道，就像是在品尝一道好菜；有力的结尾，则好比画龙点睛，整部作品因此而更上层楼。于是,古人用"凤头""猪肚""豹尾"分别来比喻文章的开头、主体和结尾,可谓巧妙而生动。综观古往今来优秀的经典的文学作品,莫不符合这个比喻。尤其是到了当下海量信息的时代,人们对文艺作品的选择更多也更方便,如果作品本身不能吸引读者或观众的眼球,便会被迅速地抛弃。这种情形之下,"凤头""猪肚""豹尾"在作品中的意义更加突显。

这一比喻甚至走到了高考考场上,成为学子们的考题。有一年某省高考语文作文题目就是:"请以'凤头、猪肚、豹尾'为话题,写一篇不少于八百字的文章。""话题包括三个方面,也可以选取其中一个或两个方面展开。"作文题还引申开去:"写作固然如此,仔细想想,小到生活、学习,大到事业、人生,又何尝不该这样呢?"

诚然,文无定法,但文又是有章可循的,"凤头""猪肚""豹尾"正是这个"章"之一种。至于一个人要想在一生里做到"凤头""猪肚""豹尾",大概是很难的,但就算没有漂亮的开始和有力的结尾,充实地过好这一生，仍不失为有价值的人生。

"凤头""猪肚""豹尾"，短短六字含义丰富，让人深思。

（2016 年 9 月 5 日）

"混搭"之于"颜值"

很早就听说,新疆喀纳斯国家地质公园是一个很美丽的地方。曾经去过的朋友异口同声地对我说,那是一个值得一去再去的地方。这让我对那片土地充满了向往,同时更有几分好奇:毕竟,美景常有,但值得去过后再去的美景却并不多——那里,真的有那么美吗?

不久前的一趟喀纳斯之行,给了我答案。当我终于来到这里时,也不由自主地发自内心惊叹于她的美丽。可心中仍是不解。蓝天、白云、高山、草原、牧场、森林、湖泊、河流、珍稀动植物……这些美景我在其他地方也见过，于我来说已不是新鲜的风景，那么，为何我仍然会感到震撼？喀纳斯，到底美在哪里呢？

没错，我见过蓝天、白云、高山、草原、牧场、森林、湖泊、河流、珍稀动植物，但我却从来没有见过一个地方，能够囊括所有的这些风景。在喀纳斯国家地质公园，它们就是这样恰到好处地结合在了一起，天衣无缝地融合在了一起——看，蓝天白云下接续着连绵的群山，山坡上覆盖着各种类型的植被，山脚下延伸着辽阔的牧场，群山的怀抱里镶嵌着绿如明镜的湖泊……对于一个见多了风景的人来说，这些景观的单独呈现或许已无法触动他，但是当它们以这样一幅整体的画卷出现在面前时，他能做的只有连声惊叹了。

无法一下子用一个准确的词来表达这种美的特点，但此时此刻，脑海里冒出了一个词——"混搭"。"混搭"这个词，似乎多用于服装搭配，一般指将不同材质、不同风格、不同色彩的衣服搭配在一起，结果往往会产生意想不到的效果。我想，喀纳斯独特的美，如果换种时髦的说法，叫作高"颜值"的话，大概正是来自于不同类型自然景观的"混搭"。当然，"混搭"不是乱搭配，如果说时尚界的"混搭"是来源于设计师人为的巧妙灵思，那么自然界的"混搭"则来源于大自然的鬼斧神工了。

细细想来，不仅是在时尚界、自然界中有"混搭"，在文艺创作里也有"混搭"的现象。比如2016年春晚舞台上非常引人注目的两个节目，歌曲《华阴老腔一声喊》和舞蹈《茉莉花》。前者是将现代流行音乐摇滚乐和传统戏曲华阴老腔相融合，后者则是将中国古典舞扇子舞和西方芭蕾舞相交融。传统与现代、中与西的"混搭"，呈现出的"颜值"相当惊艳。即使是文学创作，同样也不乏"混搭"的影子。比如在现实题材文学创作中引入新闻写作的手法，强调"非虚构"写作；在散文写作中运用诗化的语言，使文章更简练、富有诗意……这些"混搭"尝试之后的作品，常常给人们带来耳目一新的感受。

"混搭"，打开审美的另一扇门。

（2016年12月19日）

心无旁骛,写好『这一篇』

所以我真的觉得，儿童节不仅是儿童的节日，而且是所有人的节日。大家都不妨来过过"六一"，偶尔和自己记忆里那位小小的天才、圣人、理想主义者聊聊，别让他闷得太久，也别让自己走得太远。

"纯粹"的力量

余秀华,写诗。就在前一阵,她让文学圈乃至公众舆论,为之不大不小地震动了一下子。

在她的诗和故事席卷微信朋友圈的当晚,我去搜了她的一些诗来读。主观地讲,写得不坏。不过网上疯转的、带着一股浓浓噱头味儿的那一篇,我并不觉得算是她最好的作品之一。

让我更加不以为然的,是随后铺天盖地的"脑瘫诗人""写爱情诗的已婚农妇"之类的称谓。

一直觉得,越是纯粹的称号,越有力量。就像没有人会说"瘫痪科学家霍金"一样,任何多余的修辞,都会产生不必要的"限定"意味,进而折损称号本身的分量。为诗人余秀华加上"脑瘫"的修饰,且不论人格尊严云云,对她的诗歌而言,我以为并不公平。

余秀华在博客里写:"我身份的顺序是这样的:女人、农民、诗人。这个顺序永远不会变,但如果你们在读我诗歌的时候,忘记我所有的身份,我必将尊重你。"我想,大概在余秀华写下这番话的时候,诸如"从作家到美女作家再到青春美少女作家"或者"演唱比赛变成比惨比赛"之类在身份上做加法的事情,也正在社会的某处同期上演。在这个多元化的时代,我不敢妄断是非,但至少可以各取所需。而我偏爱那更纯粹的样式。

因为名气会消退,关注会散去,也许有一天病症也会痊愈,村民也成为市民。但写出来的诗永远在那里。标签总有脱落的那一天,但读者却可以长久地享受拥有诗和诗人的简单喜悦。

一个讲烂了的故事：一支箭容易折断，十支箭不易折断。但我又想，倘若把十支箭捆在一起射出去，大概射不穿什么东西。而简单纯粹的一支箭，孤独、冷清、脆弱、易折，却不失锋锐贯穿之本色。

这，或许就是"纯粹"的力量之所在。

(2015 年 1 月 26 日)

大过年的

年初五,先给大家拜个晚年:过年好!

您读到这篇文章的时候,我正在我那寒冷又温暖的家乡。我的家乡,乃是中国大地上那些以民风剽悍闻名的地域之一。"一言不合,战在一处",可谓是平日的街头即景。然而在春节这样的日子里,家乡人却有了一句万能的"和事金句":

大过年的。

大过年的,这点小事儿别吵了。大过年的,各让一步有多好。无论是车辆剐蹭还是争议口角,无论是亲戚街坊还是陌生路人。红彤彤的"福"字下面,谁也生不出多大的火气,在这几天,没有什么恩怨是解不开的。

而我离开家乡之后,发现在广袤的中国大地上,即便是没有悍勇之名的地方,人们也日渐变得焦虑易怒。但是在春节这样的日子里,大家表现出来的和气与喜悦,却都是相通的。

果然是春节啊,春天的温暖洋溢在每个人的脸上,春天快要到了呢。

其实,春节不过是阴历的新年。一年中的第一天,和生气与否,又有什么关系呢?为什么这"大过年的",就一定不能面红耳赤、拳脚往来呢?我说不出所以然。但我知道,不仅是春节,在我们民族的每一个节日里,大家都希望这一天是充满着和乐与美好的。九月九日为何要敬老?八月十五为何要团圆?细究起来都没什么道理,即便有,大多数人也并不清楚。我们可能只是需要这样一个日子,或者说一个由头,来寄托生活的快乐与美德,仁义智信,忠恕孝悌。

由此想到一些人对如今年轻人喜过"洋节"的忧虑，其实他们只不过是再给自己一个展现善意美好的"由头"罢了，互道一声平安，多说一句感恩，或许失了洋节宗教民俗的本义，但又何尝不是我们自己民族良善愿望的一种表达呢？

如果您实在不接受，那您也甭动气，大过年的没什么非争不可的，高兴起来吧！

(2015 年 2 月 23 日)

说"鸡汤"

"心灵鸡汤"这个词刚出现的时候,还是个褒义词。

闻着香喷喷,捧着暖和和,喝下去便觉得腹中一阵熨帖,所谓"心灵鸡汤",便是如鸡汤这般愉悦人心的文字了。

听起来倒是不错,谁又承想,不过几年光景,"心灵鸡汤"却又成了被人调侃讥讽的对象。并非读者们朝秦暮楚,这"心灵鸡汤"的没落化,从名字上就能看出些端倪。

"鸡汤",虽然好喝,但终究不如实实在在的"干货"能够果腹。纵然鲜美,但如果只是清汤寡水,那么这份鸡汤,就难免有"勾兑"的嫌疑,营养有限;倘若再掺了一些"私货"的"添加剂",更可能于人有害。

"心灵鸡汤"也是如此。温暖醇美、抚慰人心,这样的"正能量"人人都爱,但是如果没有实实在在的生活基础,缺乏耐得住推敲、经得起咀嚼的真材实料,只是一味地空对空大谈"正能量",那么这个"正能量"也终究是寡淡的、廉价的、缺乏"营养"的,充其量不过是事不关己的盲目乐观。就像大名鼎鼎的晋惠帝那句"何不食肉糜",你不能说晋惠帝对百姓生死的关心是假的,但这份毫无现实考量、于事无补的"关心",终究也只能是一个千古笑谈而已。

汤是熬出来的,这一个"熬"字正是点睛之笔;真正人生体悟亦是如此。将自身的血肉之躯投入生活之中,直面滚沸的苦难或者文火的平淡,用时间和韧性慢慢"熬"出来,如此这般,无论最后端出来的是香浓的鸡汤还是苦涩的药汤,终究都是有价值的,或可滋补养身，或可治病救人。而其余种种，凭空捏造或想当然的、不曾经过现实考验的、一心只求速成捷径的，对人生则难有助益。

"鸡汤文"之外，举凡为文著说，亦大抵如是。

为何"鸡汤"风光不再？只因在这个心灵容易饥饿的时代，大家更需要的是真材实料——哪怕并不总是那么可口。

最后打个小广告，如大家在本期头条、二条所见，"中国故事"征文和"善行民族风"杂文征文正在持续进行中。我们期待着大家的来稿——当然，得是"真材实料"的噢。

(2015年4月6日)

所有人的儿童节

"六一儿童节"这个节日,我们如今的过法,其实是有点微妙的。比如说,这一天虽然是儿童节,但因为家长们不放假,孩子们便不能开心任性地外出玩耍。所以我颇疑心,今天的孩子们是否还心心念念这个节日。反倒是一群早已过了儿童阶段的成年人,会在这一天聚集在网上,"晒"出自己的童年回忆,感慨时光的流逝,抑或干脆大模大样地扮小孩、讨礼物。这样的光景,几乎可以说是"固定节目",虽然喧宾夺主,但已见怪不怪了。

人大抵都是这样,对既有的往往不甚珍惜,对已失去的则常常追悔莫及。正值童年的小朋友们总想拼命扮个大人样儿,超龄者们却总做着再回童年的梦。由此而生的儿童节的错位,我个人倒是觉得这样也不坏。

我们的祖先,是很推崇儿童的。老子说:"含德之厚,比于赤子。"孟子说:"大人者,不失其赤子之心者也。"赤子,便是指刚生下来、全身尚显红色的小婴儿。而先贤眼中的大道至德,也只是堪堪能与"赤子"相比而已。这份"大德"具体指什么,恐怕非大儒难以解惑;但就我们今天的眼光去看,儿童身上那份天然纯粹、那颗至善本心、那"初生牛犊"的勇气、那不知疲倦的探索欲、那细腻入微的感受力和天马行空的想象力,都是令成年人称羡的,且非简单的"人有我无"的羡慕,而是"曾经拥有却又失去"的无奈的感喟。

这种失去是令人痛惜的,但也是无可奈何的。现实毕竟不是童话。当面临现实的压力与童心之间的二选一时,大概只有极少数人有觉悟或是有资格选择后者,更多的人甚至连二选一的机会都没有，被生活裹挟着前进，蓦然回首时已不知身在何处。然而，"虽不能至，心向往之"，童年的初心本愿也许再也回不去了，但它终究是一个坐标立在那里，有了它作为参照，便能看清自身之所在，而不至于彻底迷失了方向。

一个朋友曾经对我说，自己今天的工作，并不是儿时理想中的工作之一。但想想童年的自己，应该也不至于会以今天的自己为耻，这样就知足了。我深以为然，并心有戚戚。我想，这便是时不时给自己过个儿童节的意义所在了。

所以我真的觉得，儿童节不仅是儿童的节日，而且是所有人的节日。大家都不妨来过过"六一"，偶尔和自己记忆里那位小小的天才、圣人、理想主义者聊聊，别让他闷得太久，也别让自己走得太远。

愿你心中的小朋友永远天真烂漫。

(2015 年 5 月 29 日)

说"失敬"

中国素有"礼仪之邦"之名,周全的礼数和无所不至的客套,自然算得上是礼仪之邦的"土特产"。然而有一些客套话,是经不起细想的,比如失敬。

读明清小说,《水浒传》里,好汉们不打不相识,互道一声失敬,莽撞中带着憨实,也算不失可爱;然而到了《儒林外史》,读书人互道失敬,便咂摸出点酸味了;倘若是连声道"失敬,失敬",于人物刻画上,就更加近于谄媚了。

为何会有这样的感觉？掩卷细想，失敬便是先前未敬，而且实际的情况，往往是"见而未敬"，这就让人比较尴尬了：你已见我，却不敬我，莫不是我看起来无甚可敬之处？然而一番介绍之后，又成了"失敬"，这就更让人尴尬了：不知来路则视我无甚可敬，知来路便敬我，如此到底是我本人可敬，还是我的"来路"可敬？敬与不敬之间，一个人本身的价值就被赤裸裸地摆在桌面上了。然而"伸手不打笑脸人"，小说里的书生们，也只能"失敬失敬""过奖过奖"地客套一番，一团和气中带着微妙的疏离感，便生出讽刺的意味来。

诚然，动辄就要对人说"失敬"的人，多半难逃"势利"二字；然而被人"失敬"者，恐怕也是其名难副，因而若无视种种名号光环，便显得身无长物。《水浒传》讲鲁智深初见林冲，但见"豹头环眼，燕颔虎须，八尺长短身材，三十四五年纪"，如此好汉气概，自然是不需"久仰""失敬"，径直拉去结拜即可；又如苏轼诗曰："粗缯大布裹生涯，腹有诗书气自华。"这样的人，大抵也是不会被人"失敬"的。相貌身材，先天获得，暂且不论，"腹有诗书"倒是谁都有机会做得到的；即便实在不擅读书，只要行事磊落、勤奋正直，也自有一身正气。南宋抗元名将李芾，《宋史》中说他"自旦治事至暮无倦色，夜率至三鼓始休，五鼓复起视事，望之凛然犹神明"。此等精气神，就算一言不发，估计也不会有人敢怠慢，更遑论"失敬"了。

可见要想被人"真敬"，终究不能寄希望于诸般"头衔""背景"，有才气，有正气，才是"不为人所失敬"的沧桑正道。

(2015年7月6日)

看重"这一篇"

做编辑的工作,每天和大量来稿打交道,见识到的除了一篇篇文章,还有文章背后的一位位作者。从稿件行文,以及来信附言的字里行间,窥见不一样的人格个性,也不失为一件趣事。

在这之中,有这么一类作者:凡来稿时,除一篇文章、数句寒暄外,还附上一段个人简介,历数自己拥有的头衔、获过的奖项、发表过文章的报刊名称等。对于为文之人,这当然不失为一种值得自豪的荣耀,但是倘若列举得过于事无巨细，则未免有失矜持，甚至有过这样的来信：满篇长长的个人头衔和曾发表的作品清单，洋洋洒洒三四百字，看了两三遍，才找到来稿"正文"——七绝一首28字，蜷缩在最上方的角落里。

事关矜持之外，更重要的是：投来的"这一篇"稿子本身，远比"履历"更有说服力。

过往的成绩，固然可喜，然而编辑与作者之间打交道，终究还是靠眼前的"这一篇"稿子说话。于我等编辑而言，"那些篇"文章再好，却不是投给我的。与我有关的，需我判断的，仅有"这一篇"而已。

这实在是再浅显不过的道理。

然而人活世上，既为名所助，亦为名所累。就著文而言，欣欣然忆起"那些篇"，便忽略了手里的"这一篇"，这样的事不需看向别人，扪心自问也是有戚戚然的。

百业百态，各凭能耐。或许真的有一些行当，过往和名气就能撑起一个业者的全部，然而写文章终究是一门显山露水的功夫，一出手就知有没有。心无旁骛，写好"这一篇",方是此时握笔在手乃至过往一切毁誉累积的唯一目的之所在。

为文看重"这一篇",与诸位朋友共勉。

(2015 年 8 月 3 日)

安静的能者

各位,你们那里的理发师都是怎样的呢?

就我所在的北京,理发师这个职业给我的总体印象,是异常健谈的。每到一处理发,往往是以"先生今天要怎么剪"开头,以"老家在哪"打开局面,以评论发质为铺垫,以推荐染烫护理为高潮,最后以建议办卡结尾。我虽能理解各行各业之艰难,但对于这日复一日的营业性"拉家常",却实在觉得乏味至极。

然而我也曾遇到过一位非常安静寡言的理发师,甚至都没有特别问我的需求,就直接动起了剪子。我一番好奇之下,索性也一个字不和他说,看看到底能理成什么样子,结果却异常成功——在我的理发经历中,刚刚理完发而我本人不觉得突兀发愣的,屈指可数。这位安静的理发师是其中之一。

从那次之后,我就会特别留意那些与"业界惯例"有些隔阂的、沉默少言的理发师。总体感觉上,是沉默型的理发师,在剪子上的造诣要高于同业同价位的平均水准——想想也有道理,人的精力总归是有限的,如果花在聊天推销上多一些,手头功夫就难免分神;面对顾客的需求,既然要研究推销其他服务的策略,自然也无暇研究用手中的剪子来解决问题的方法。

其实,在这个"赚吆喝"的时代,各行各业都莫不如此。比起精进技术搞好产品,靠着招徕、推销、经营、公关,同样能打出一片天,甚至在收益上更甚于前者。虽然这也算八仙过海各显神通,但如果手艺和吆喝终归难以兼得的话,我还是更青睐手艺。就好像理发师,可能有人觉得能和顾客谈笑风生是一种游刃有余,但我觉得安静沉稳，不仅表明其专注，也透露出其自信，因为千言万语说到底也不过是为了引人青睐，而一手好活计却是留住客人最有力的武器。

在我们国家，早些年因为社会上普遍缺乏经营意识，多少好产品、好作品、好手艺被埋没。这些年痛定思痛、奋起直追，但究竟是没追到还是追过头了，总归是要回过头看一看的。倘若说前几年"酒香也怕巷子深"是一种智慧，那么到今天仍能恪守传统的"酒香不怕巷子深"则是一种从容与大能。今日之社会，崇尚智者的人似乎太多了一点，而安静的能者却太少了些。只有相反，我们的路才能走得更加扎实、稳健。

(2015年9月14日)

"罔"与"殆"

当初上学时,语文课学《论语》。子曰:学而不思则罔,思而不学则殆。罔,迷惑;殆,危险。一众学生摇头晃脑强背下来,心中却并不觉得这话有甚精彩、背下来又有甚意义。如今时过境迁,却慢慢品出其中的妙处。其理不仅在古时,亦在今日;其意不仅在书内,也在书外。

"学而不思",只学习而不思考,知识无暇消化吸收、构成体系,最终就只能在书山里迷了路、学海中落了难，陷入"罔"的迷茫。当然，能"读死书"读到"罔"的境界，倒也算得上一种才能，这样的烦恼古之学人未必人人有资格体味，但是今天的人却因现代信息爆炸，就算未曾用功刻苦也难免在信息之海当中被淹没。小到生活窍门，大到高深理论，各种信息俯拾皆是，对于好奇心过剩的人而言，还真的要多一份取舍思考，免得被"罔"住。

"思而不学"，则更类似今人所调侃的"想得太多，懂得太少"。这在当下，倒算得上是一种通病了，不仅限于治学，生活中也绝不罕见，网络上似乎就更多了：虽然懒得了解但什么都想评价一下，虽然并不了解但什么都想质疑一下，毕竟"独立思考"是个很帅气的标签，但是苦学钻研看起来却一点也不帅气，厚此薄彼的心态，倒也不是不能理解。于是思而不学、评而不学、转发而不学、好为人师而不学，最后的结果，"殆矣"，也就是危险了。且不说口出妄言给个人带来的风险，单单是养成这样的习惯，其未来的人生就已经有些堪忧。

孔子是把道理说得很明白了，然而斯为圣人，自然可以在"罔"与"殆"之间走好钢丝,中和持重而无偏颇,但吾辈凡夫俗子,想做到却没那么简单。依我之见,若实在把握不好这一平衡,不如宁"罔"而毋"殆"——一时"迷失",总有能够走出来的时候,纵然误己却未必害己害人;但一旦踏上"危险"之路,则每一步都有可能再无回头之路了。

写至此处,倏然想到我这又何尝不是打着孔夫子的大旗夸夸其谈,或已见笑于大方之家了。殆矣,殆矣。匆匆搁笔。

(2015 年 10 月 5 日)

达则独善其身

一个词语在历史长河中发生的语义演变,往往显得意味深长。

引发我这番感慨的是"独善其身"这个成语。大家都知道,出处是孟子的名言:"穷则独善其身,达则兼济天下。"如今,"独善其身"常常被当作"置身事外,自得其乐"之类的意思,用起来也常常是套用一个否定句式,譬如"大势之下难以独善其身"云云。但是倘若追寻其本义,以孟子亚圣之德,对于君子穷困时的要求，会是仅仅只要自得其乐便可以了吗？恐怕并非如此。

孟子这段说辞，原话其实是颇为慷慨激昂的："……故士穷不失义，达不离道。穷不失义，故士得己焉。达不离道，故民不失望焉。古之人得志，泽加于民；不得志，修身见于世。穷则独善其身，达则兼济天下。"赵岐注曰："独治其身以立于世间，不失其操也。"加上语境和注解，其实意思已经很明白了：所谓"独善其身"，并不是说要你"独自"过得"好好的"就行，而是要"穷不失义"，要"修身"，要"立于世间，不失其操"。再穷困潦倒，道义操守仍然是底线。

可叹的是，随着岁月流转，大家对孟子的话，似乎也开始换了一种理解：都已经身处逆境、穷困潦倒了，还要讲道义，实在是迂不可及。"兼济天下"那是身世显赫之人要操心的事，穷困小民只要把自己伺候好就不错了。如此解释，多了些市井的狡黠，少了些理想主义的担当。——于是乎，又有许多人觉得，应该是先说"达则兼济天下"，再"穷则独善其身"，逻辑才说得通。

这顺序一颠倒，就更有些"退而求其次"的意味了。

对于这种说法，我是不以为然的。倘若理解了孟子的原话，其实"独善其身"恰恰应该放在前面，因为"独善其身"乃是前提，是原则，是根本；"达"了，"兼济天下"的人，当然也要"善其身"，自己的操守不能丢，然后才谈得上为天下。反观今天许多鲜活的案例，恰恰是飞黄腾达了，人前"兼济天下"，人后却不能"独善其身"，在一些"天知地知你知我知"的场合里丢了道义，最后落得个身败名裂的下场。由此观之，恐怕今天倒是要讲"达则独善其身"更为适宜。毕竟今天，"兼济天下"的风光人人称羡；我们更稀缺的，恐怕正是顺境之中不忘"独善其身"的智慧、勇气和担当。

(2015年11月2日)

"不变"的又一年

不知不觉,这已经是 2015 年的最后一周了。

在编辑部里,"时间过得真快啊"算是一句常用不衰的感慨。一个个无形的日子排成一个个按部就班的版面规划,再固定进一张张实实在在的报纸,就如同拥有了实体,而它的积累或者损耗也由此更容易被感知。还记得刚刚开始在版面上签下"2015"而非"2014",还有些不太习惯,刚刚有些习惯了,又马上要换成"2016"。呜呼!

12月是年终总结的季节，对于编辑亦是如此。翻看一整年自己经手的版面，有多少篇临危受命、多少篇慧眼识珠、多少篇点石成金、多少篇敝帚自珍，忙里偷闲，一一读来，心里也洋溢着饱足的成就感。文学副刊的文章，时事性不强，在一份"日日新"的日报上，多少显得有些异类，但异类自有异类的好，相隔数轮春夏秋冬，依旧不失其味，更有温故知新的妙处。

这亦是文学本身的一种特征了：人类需要即时交流，于是有了语言；又希望能将语言流传，于是有了文字；雕琢文字以成学问，便有了文学。古人"言文分离"，盖因两者的功能本就不同，文学一开始就是以流传为目的的学问。所以文人讲"著书立言"，讲"文章千古事"，到今天也依旧希望从多变的时代中，找出一些相对不变而恒久的东西，虽然未必能有"洛阳纸贵"的待遇，但倘若三年五载后依旧有人肯读，亦可称慰。

作为文学副刊的编辑，更是几近本能地钟爱志在流传的文章，亲近志在流传的作者。他们把文章看作自己固定在时光中的分身，关心文章的"长寿"更甚于关注自身，瞻前顾后，谨小慎微，生怕被变化的洪流卷了去。当然也有比较"着急"的作者，有紧跟风向的"时事文学"，亦有倚马万言的"稿海攻势"，来势汹汹亦匆匆。若是天才或许诸般好处都能兼顾，然而天才毕竟是极少数，史书曾载，现世未见。于我个人而言，读稿越多越深感自己愚钝，既然已经慢了半拍，倒不如就势看看那些不变的风景。

新的一年，写留得下的文，编留得下的稿，做留得下的版。变化的流年中，希望能守得住这点儿"不变"。

(2015 年 12 月 28 日)

在两难选择之间

根据天气预报的说法,近来的一周,应该有不少读者朋友体验了一场冻彻心扉、风中凌乱的降温过程,冷空气挥师南下,东北自不待言,首都北京也无法幸免。就在我敲下这行字的时候,窗外明媚的阳光下依旧寒风呼啸,只是听听都觉得耳朵眼里发冷。

然而,此刻的另一个关键词是"阳光明媚":拜凛冽寒风所赐,困扰北京的雾霾这几天溃不成军,雾消霾散,只剩阳光明媚、晴空万里。在经历了一段时日的口罩脱销、空气净化器涨价之后，这样明媚光鲜的天空简直让人感动得想要流泪——如果不怕泪水冻住眼皮的话。

中午去食堂路上还和同事打趣：上个月谁说的，宁可大风降温也不要雾霾，现在满意否？无人作答，因为正好一阵寒风吹得人张不开嘴。大风或者雾霾，似乎成了北京人不得不面对的两难选择，而且选择的主动权并没有握在自己手上——然而调侃归调侃，其实这个所谓两难选择不过是个伪命题，只要能够控制好污染物的排放，即便不需借东风或者借西风，一样可以有蓝天白云，可以大口呼吸，这才是根本的解决之道。这个道理，大家都懂。

是的，许多看起来两难的选择，往往有着更实质性的解决之道。

想到这个是因为之前和一位作者通邮件，谈到了文章的素材和文采的平衡问题，这其实就是一个"质胜文则野，文胜质则史"的古老论题。这种困惑，不仅作者有，编辑自己写东西时也经常遇到，总是担心自己

"以文害质"或者"以质害文"。然而仔细想想，以《二京赋》之严缜精美，能说它是"以文害质"吗？以《史记》之翔实厚重，能说它是"以质害文"吗？事实上，《二京赋》恰恰在赋中以内容扎实著称，而《史记》的文笔更被赞为"无韵之离骚"。可见，为文只要内容够扎实，自然不担心因文采而空泛流俗；只要文笔够精彩，也不容易为厚重内涵所拖累。多写多读，"文""质"齐飞，这不失为"迷雾"与"狂风"之间的"两难困境"直指根源的解答之一。

(2016年1月25日)

当我们谈论编辑时我们在谈论什么

我并不是要故意致敬雷蒙德卡佛,或者故意模仿村上春树。在这块破天荒的、只由编辑执笔的版面上,我想说的恰好就是这个。

说到村上春树,他并非我特别中意的作家,但是他有一句话很得我心。他的小说《1Q84》中有一位文学编辑,书中的人物这样评价他:

这样的人的追求只有一个,就是一辈子只有一次也行,发现一件不折不扣的真品,把它捧在托盘上,奉献给世人。

大致如此,原文记不清了。实际上,小说里这位编辑算不得是个好人,《1Q84》这本书也算不上是公认的杰作,但是冲着这句话,我把这厚厚的三大本啃完了,以这种略显傲娇的方式向村上春树致以一个读者兼编辑的敬意。

当我们谈论编辑时,我们在谈论什么?在文学的世界里,文学编辑是一个发现者,一个探求者。这是传统意义上的说法。然而,对于一切发现者和探求者而言,在他们追逐探求的对象面前,他们的态度一定是谦逊的、卑微的。当这个对象是一块稀世的美玉、一座丰饶的矿山,或者一个科学的真理时,这种谦逊与卑微是可以被接受的,或者换个更通俗的说法:在科学真理面前卑微,很高尚;在稀世珍宝面前卑微,也不算丢人。但编辑作为探求者的悲催之处在于,探求的对象往往会指向一个具体的人,此时编辑的立场就显得有些微妙了。所以人们就不难看到这样的景象:在这个由才华、意气和傲骨组成的文人圈子里,作家是趾高气扬的创造者，评论家是理直气壮的研究者，唯有编辑是终日赔笑的探求者——四处打探，四处恳求。

在当下的信息时代，自媒体的兴起，让越来越多的作者亲自化身编辑，一个个博客与微信公众号就是作者到读者点对点的文学"C2C"，而传统的编辑仿佛就成了冗余的中间环节、亟待淘汰的陈旧产物。在编辑尚能发挥作用的阅读领域，他们的存在感也日益稀薄。在读者看来，看到一篇好文章的时候，先赞赏的是作者；反倒是看到一篇烂文的时候，常常要先骂"小编"。拜网络所赐，这些读者的第一反应可以透过评论栏一览无遗。在这样的苦情之下，编辑们飞快地向服务业取了经，或是化身"某某君""某某妹"卖萌，或是以"小编"谦称自处。过去我们就极常见作家而极少见"编辑家"，今后恐怕编辑家会更加凤毛麟角，因为那并不像是能从"小编"称谓里生长出来的东西。

在编辑如此"四面楚歌"的时候，一个成名作家，还能以如此诗意和理想主义的语句，描绘出一个编辑的愿景，如同在寒冬中点燃了熊熊燃烧的编辑之魂。

就这一点，我要给村上春树点一个大大的赞，我要祝福你来年斩获诺贝尔文学奖……扯远了。

文学编辑大多是对文学有所追求的人。有一些编辑主业之外兼营创作，作为写作者崭露头角，但也有许多编辑始终做着默默无闻的幕后英雄。读者不会接触到初稿，自然会把最终读到的每一个字的荣光归于署名的作者。而角落里的"责任编辑"，更像是一个技术工种，是这个由艺术和想象力编织而成的世界中一个格格不入的体力劳动者。尽管如此，对文字之美的追求，却是不分台前幕后的。发现一件珍品，奉献给世人，这份供奉者的喜悦，不同于供品的喜悦和被供奉者的喜悦，却有着同样炽热的内质。尤其是你发现了一块璞玉，带着窃喜的心情将它私藏起来，雕琢打磨，使美玉得以显现、得以完成——就像某位雕塑家所说：去掉多余的部分，即是雕塑的本质。

编辑所贩售的又不仅仅是雕琢打磨的手艺。某水厂说，我们不生产水，我们只是大自然的搬运工；编辑也只能算得上是杰作的搬运工。水厂从无处不在的天然水挑选适合饮用的水源,净化、灌装、运送,让消费者免去千里取水的奔波,拉近了水和饮水者的空间距离;而编辑从浩瀚的文字海洋中筛选出好的作品,修订、推出,让读者免于在拙劣文字上浪费时间,拉近了作品和作者的时间距离,这,就是编辑产生价值的方式。在这个传统语境被颠覆的当下,文学编辑应当是文学的物流业、文学的买手、文学的星探。它并不是文学世界中必不可少的基本元素,但倘若文学世界想要蓬勃、健康、丰富多彩,它不可或缺。

当我谈论"编辑"时,我谈论的就是这样一份工作。

看到这里或许有人要说:你自己不就是文学编辑吗?你这不是王婆卖瓜吗?——这一点,我确实不好否认,但是如果连业内人士都不能说出一个足够崇高的动机的话,这个行业恐怕就真的快完了。

最后,如果你身边有做编辑的朋友,答应我,请善待他们。

(2016年2月1日)

入耳入心的秘诀

今年春节期间,有一则令人痛惜的消息:著名艺术家阎肃去世。噩耗传来,令人悲伤感怀的同时,更在网上掀起了一股纪念阎肃老先生的热潮。纪念者中,不仅有"50后""60后",更不乏"80后""90后"的身影。

阎肃作为一位老资格、"体制内"的军旅艺术家,创作了许多红色经典作品,受到"50后""60后"观众的喜爱是意料之中的。但年轻观众对阎肃的纪念,则显得颇有意味。"主旋律""正能量"的文艺创作如何吸引追求"自由""个性"的年轻受众，始终是一个令人颇费思量的问题。

习近平总书记谈文艺工作时，说过"要坚守文艺的审美理想、保持文艺的独立价值"；谈宣传工作时，说过"把握好时、度、效，增强吸引力和感染力，让群众爱听爱看、产生共鸣"。阎肃的文艺创作，毫无疑问是践行了这样的方法论的。那些最为脍炙人口、广为传唱的歌曲，《红梅赞》也好，《长城长》也好，《敢问路在何方》也好，无不有着坚定的"审美理想"和切实的"文艺的独立价值"，而又自然而然地透露着昂扬向上的精神面貌与"正能量"，这样的创作才真正具有吸引力和感染力，能够"春风化雨"，入耳入心。反观当下一些文艺创作，将价值导向等同于"摆姿势""喊口号""打标语"，这种崇尚"简单粗暴"的创作态度，无视了文艺本身的独立价值和创作规律，更透出几分"安全第一""应付交差"的懒惰情绪。最后的结果，往往是在各种意义上，都起到了反作用。

这些人，真的要好好向阎肃请教，不仅学习其创作的方法，而且要学习其创作的态度。

文艺百花齐放，其中必须有"主旋律"这极其重要的一枝。如何使其真正花开不败、惹人喜爱？阎肃为我们留下了一句箴言：路在脚下。

(2016 年 2 月 22 日)

亭亭如盖之文

岁岁清明,今又清明。

清明,我们祭拜先人。据说,祭拜先人最早是"寒食节"的内容,清明只是节气之一,后来因为两者日期相近,便合二为一了。据说而已,没有专门去考据过,但是我一厢情愿地认为,将这"气清景明,万物皆显"的生机勃勃的时令,与缅怀逝者的节日放在一起,以生祭死,是先民的一种"天人感应"式的浪漫和"万物轮回"式的哲思。眼见草木青青枯而复荣,对生命的感悟便多了几分超然。

在我们的来稿中,追思类的文章算是一个大类,清明前后,这类稿件尤其多。中国自古就有以诗文祭逝者的传统。人生短暂,文名不灭。而无文名在身者,则由后人执笔,为其在世间留下一道墨痕。古今皆然。

说到祭文,便想起近来被誉为"自古文章感人第一"的《项脊轩志》,虽非传统意义上的祭文,但一句"庭有枇杷树,吾妻死之年所手植也,今已亭亭如盖矣",确实扎扎实实地惹哭了许多人。诸如"儿寒乎?欲食乎?"这样的细节,同样令人泫然。而像《祭十二郎文》这样,正值亲人新丧,字字剜心泣血,却未必就比这历经时光打磨的点滴回忆更加震撼人心。

文从心生。真正令人动容的,常常并非撕心裂肺的号哭,更无关悼念者"逝者以生者贵"的身价,而是一种自然流露的真情,一种悠远绵长的思念。那份情感的动人力量,已在时光的淘洗中得到了佐证。自己不能忘怀的情感,才能使读者产生无法忘怀的共鸣,岁岁清明,其情其文在心中抽枝展叶,便也亭亭如盖了吧。

(2016 年 4 月 4 日)

飞越虚空的翅膀

近期文学界的大事件之一,是曹文轩获得2016年国际安徒生奖,为在国内文学界相对小众的儿童文学一支,放了一个不小的"卫星"。之后,我在微信上看到一篇对曹文轩的访谈,他在文中说:如果中国文学长期放弃想象力的操练,长期不能有人转过身来面对虚空世界,而是一味进行素描式的模仿,对于这种文学的价值创造,我们大概是永远不可能指望有什么辉煌的。这一段论述,颇有点振聋发聩的味道,让人心有戚戚然。

再往前追溯，2015年文学界的大事件中，亦有科幻作家刘慈欣勇夺世界科幻小说雨果奖的事例。科学幻想，这也正是文学想象力操练的一种。两件事连起来看，很容易让人产生这样的感受：在过去的一年里，"想象力"似乎是中国文学界一个绕不过去的关键词。实际上，在莫言获得诺贝尔文学奖后，国内的"国际文学奖焦虑症"确实得到了极大的缓解。然而科幻文学、儿童文学这样强调想象力的"边缘文学"近年集中在国际上"破冰"，让人难免生出许多联想和期待。

我们的文学是不缺乏想象力的传统的，有无数的古典文学经典可以佐证；我们的文学在当下也是不缺乏想象力的实践的，有刘慈欣们、曹文轩们的创作实践可以佐证。他们不仅凝望着所谓虚空世界，而且从中为我们撷取了现世无法得见的奇珍。但一个难以否认的事实是，我们今天评价文学作品时，诸如"细致刻画""真实再现"之类的措辞很多，"天马行空""想象奇崛"之类的评价却很少。从过去到现在，想象力都是文学最重要的标准之一,只是有的时候,我们会"习惯性"地忽略它。这恐怕不是什么好习惯。

本报今年4月1日的文艺评论版,刊登了作家周大新的《现实主义边界可以扩展》一文,颇有见地。他在文中提出,现实主义创作中,"可以与中国历史上民间智者渴望超脱世俗的玄想传统相结合",也"可以借鉴西方知识界喜欢科学幻想的做法,把现实主义创作与科学幻想相结合"。现实主义文学创作尚且可以如此,作为整体概念的文学,就更应不在话下了。这由社会现实与想象力结合而生的文学,也必然是值得期待的。

愿文学想象力的翅膀永远强健有力。

(2016年5月2日)

"心诚则灵"

在网上看到一篇网友撰写的"投稿必中秘籍",身为编辑心生好奇,点进去一窥究竟。各种小技巧自不待言,倒是最后一句"心诚则灵",让人不禁有几分玩味。

"心诚则灵",那么,是怎样算得"心诚",又是怎样算是"灵"呢?

我首先想到的是在我们公开征稿的邮箱里,有一类作者,从某些意义上讲,真的是非常的"心诚"了:或者是一次就投来十来篇作品,或者是以非常稳定的两天一篇乃至一天一篇的速度投来新作,常常还附着自我介绍加抒发感怀的长信,隔着网线都能感到他们炽烈的热情,真是让人记不住都难。这诚意当然是有了,真的就能"灵验"了吗?未必。虽然编辑对于作者们的热情心存感激,但用稿的标准终究还是摆在那里,不是单靠"走量"和"眼熟"就能逾越的。

还有一类作者,说他们"心诚"吧,好像比不上前面说的那一类,要每隔几周才能见到一次,但每一次的来稿都让人感到很扎实:角度的选取,主旨的提炼,笔法的变换等,让人一眼就能与那些"倚马千言"又"汤汤水水"的文章区分开来,仿佛作者皱着眉头咬着指甲锤字炼句的光景就在眼前,不说呕心沥血,恐怕捻断的胡须还是有几根的。就算第一次来稿不中,但在之后的每一次来稿中,都能看到他们努力与变化的痕迹,直到有一天终于写出令人拍案之作,目睹这一过程,对编辑而言也是一种极大的快意。

说到底,"心诚则灵",或许可以用在祈愿上,对于写作,还是要扎扎实实地练好基本功。编辑只按办报的要求对稿件进行取舍，当不起这么虔诚隆重的祈愿。与其将这份诚心表达给编辑，倒不如将"诚"熔铸于文思，凝聚于笔端，奉献于作品，祈求"文章本天成，妙手偶得之"——你别说，这种"心诚"，倒还是有点灵的。

(2016 年 5 月 23 日)

阅读是最长情的纪念

2016年5月25日,是杨绛先生辞世的日子。到今天,将满一个月。

杨绛先生的逝世令公众一时为之震动。同时,和大多数热点事件一样,在网络上也颇是引起了一些"口水仗",譬如网上流传的名言语录的真伪,譬如未读过杨绛作品是否"有权"悼念,譬如今天称杨绛为"先生"是否恰当,甚至有人"跳跃思维"地由此论争以"先生"称有才德之女士是否不够"女权"……众声喧哗,莫衷一是。然而——依旧和大多数热点事件一样——网上的论争总是来去匆匆,不过数周光景,这舆论的旋涡就消失得如同从未存在过一样。

依我之见,无论是"没读过"的纪念,还是"来去匆匆"的纪念,总是比"不纪念"要好的,以杨绛先生的生平学养,再多一些纪念也是值得的。没读过当然可以纪念,但既然都纪念了,又何不顺便读一读呢?以杨绛先生留下的作品,再多一些读者更是值得的。

杨绛先生翻译的《堂吉诃德》无疑是中国文学史上最好的译著之一(就我个人而言,"之一"二字甚至可以舍去),那份独特的、从容而有分寸感的幽默,乃是原著风格与译者风格"金风玉露"而成就的奇妙的"化学反应";而《走到人生边上》则可与钱钟书先生的《写在人生边上》对照阅读,个中夫妻二人跨越时空的心有灵犀,揣摩之下甚至比《我们仨》更加深情动人,更见他们二人所独有的智性的浪漫。一个逝去的文人,有时是一张照片,有时是一句名言,有时是一段逸事;而只有在她的作品中,她才恢复为一个立体的人、完整的人、鲜活的人，一如在世般对你娓娓道来，那是她身后最有分量的代言。

不止是杨绛。陈忠实的文章今年登上了北京市的高考语文试卷，路遥的《平凡的世界》在他身后热卖了二十年，再往前，还有更多作家的作品被我们一再地品读，如今每逢他们的忌日，我们是不会在朋友圈转发语录点"蜡烛"了，但他们从未从我们的视野中远离。

有句甜腻腻的话叫：陪伴是最长情的告白。那么，阅读就是最长情的纪念。而开始这种纪念，永远不嫌晚。

(2016 年 6 月 20 日)

"磨剑"与真诚

不知什么时候开始,一些文艺创作者们不约而同地操起了一项副业:磨剑。

"十年磨一剑",贾岛此诗原本说的是剑客,如今却成了用以形容作品历经长久雕琢打磨的营销金句,频见于图书腰封、戏剧广告、影视海报,未见其作品,先知其辛苦,大有先声夺人之势。

然而世事往往"过犹不及"。自从"磨一剑"的句式出现在文化市场上以来,"磨剑"的年数日渐看涨,从开始的两年、三年，到后来的五年、六年，到今天八年、十年也不算罕见。身为编辑，这种事司空见惯，但心里也难免时不常犯嘀咕：真是十年八年里只做这一件事？真用了这么长时间吗？上一部作品不就是两三年前吗？怎么到现在突然又"十年"了？

几年磨一剑，好不好？当然是好的。但作为一种自我标榜，特别是作为一种先行于作品的推介"套路"，却未必合适。世人喜谈曹雪芹写《红楼梦》"批阅十载，增删五次"，然而《红楼梦》之伟大，归根结底是作品的伟大，而曹公所耗费之心力，只是附在伟大作品之上的一段逸事而已，假若史书并未记载曹公的坎坷身世，红楼梦作为小说的价值也不会因此有所折损。再往近一些说，路遥的《平凡的世界》，无论是20世纪80年代的初版封面，还是90年代获茅盾文学奖后的再版封面，都未曾拿路遥的创作历程做文章，然而我们知道，路遥写《平凡的世界》，消耗的不仅是时间，而且是在燃烧自己的生命，任何标榜的字眼放在他身上也只会显得苍白。

艺术创作的世界没有"安慰奖",作品自身的水准远比空谈"磨剑"的口头功夫来得重要。更何况有些标榜的年数,还未必真实。

所以我想套用一句当下的流行语:少一些磨剑,多一些真诚。当然,这绝对不是说文艺作品不需要反复打磨;恰恰相反,正是因为文艺作品需要真诚与耐心的打磨,我们才更应该对那些放卫星般的"数年磨一剑"说不,因为它将真正打磨作品的心血廉价化了——如果一个人用几个月把自己十年前想到的点子写出来就算是十年磨一剑的话,那些真正在三千多个日日夜夜里一遍遍呕心沥血、钻研雕琢的人,我们又该如何赞扬他们呢?

(2016 年 7 月 18 日)

写长还是写短

来谈谈写文章的长与短。

写长文章更难,还是写短文章更难?严格地讲,这算不上一个问题。不同的文体有不同的要求,并不是单纯只靠字数长短来划分,更谈不上孰难孰易。但是如果非要说的话,直觉上讲,似乎是长文章更难一些——毕竟,诸如"驾驭不了这么大的题材""驾驭不了这么长的篇幅"之类的评语,还是不罕见的,这就很容易给人一种"长文难写"的第一印象。

不过回到编辑的日常工作中，我们平时对稿子的编辑处理，绝大多数时候却是在做减法——删。这里面固然有版面有限的原因，但这也恰恰说明了，对于具备一定写作水平的创作者而言，对文字的"控制力"是比纯粹的文字"生产力"更亟须打磨的能力：写作者在自己"写不出来"时往往都能意识到这个问题，但却少有人能主动意识到自己"写多了"。可见，能把长文写短，能把短文写好，都不是一件简单的事。

为什么要做这样一番老生常谈呢？是因为最近一段时间，喜欢写"短文"的来稿者似乎是越来越多了。譬如写两三句诗，自称是"截句"的；或者写个百十字的小故事，冠以"微小说""绝句小说"的。诗歌是门玄奥学问，"绝句小说"等我也无甚造诣，对其文体本身没什么发言权，但直接的工作经验和间接的经典阅读告诉我：短文不好写，想要在几行或者百十字里传递思想、讲述故事，而且还经得起品鉴，那简直是螺蛳壳里做道场一样的绝技了；反之，一个不小心，就容易沦为抖机灵、讲段子。大道至简，是要在落尽繁华之后的，倘若把短章当作文学创作的捷径，恐怕是行不通的。

文不嫌短，只怕短而不精；文不惧长，只恐长而无趣。写长还是写短，不应去赶什么"时尚"，当长则长，该短则短，这样才好。

(2016 年 8 月 15 日)

"遇见"一朵花的方式

"遇见"栏目开设以来,得到了不少读者的好评,也成了编辑们的心头好。准确说,这更像是父母之于孩子的感情:既骄傲,又操心。骄傲的是我们确实编选刊发了许多符合我们栏目初衷的、带着生活烟火气的平凡人、好故事;操心的,则是这样的好稿子总归是嫌少不嫌多,大多数的来稿,还是难免有这样那样的遗憾。

"遇见"是个讲述身边普通人故事的栏目——谁身

边没有几个普通人呢？谁没有过几次心有所感的"遇见"呢？从这个角度讲,这确实是个相当"好写"的题材。来稿中为数不少的篇目,所写的就是如同纸面意义一般的一次"遇见"。一个人物,一段故事,一篇速写,我想在作者执笔之时,内心肯定是有所触动的;但落到文字上,这种触动却无法传递给读者,最终所展现的,只是事件流程与部分细节的堆垒,俗称——流水账。是不是"流水账",与文采高低无关,与对描写对象认知体察的深度与广度,大有关系。

流水账算是一种"遇见"吗？作者的眼睛肯定是看到了某个人物与某个故事。然而出一趟门或许能看到上百人,并不是每一眼"看见"都可以称为"相遇"。仅仅是"看到""知道",却没有用心去感受和体味,仅仅凭着一时的写作冲动把所见所闻记录下来,就好比是从生活的大地上摘走一朵花,纵然有着花的形貌,却终究离了枝头,生机不再,萎凋将近;想要把生活之美留存下来,不能仅仅"摘"花,而要连根带土地"栽",还要精心浇水培育,才能使其再现生机。

一个值得记录下来的人就是生活中的一朵花。"遇见"一个人,写出来时,也需要洞见他所生活的"根系"和"土壤",也需要在心中花时间"培育"。它需要写作者的身心俯近大地、扎进泥土,而不满足于浮光掠影。想要记录一段"活生生"的生活之美,这样,才算是走出了必要的第一步。

(2016 年 9 月 12 日)

危险的"行活儿"

近来"偏爱"一个词:"行活儿"。

说起来,"行活儿"也不是一个新词了,光是在本报的版面上就出现过不止一次,大致而言就是指那种缺乏创造性、套用既有的模式、如同流水线上批量制造的工业品一样的文化"活计"。

而所谓"偏爱",并不是认可"行活儿"本身,而是因为这个概念,可以很好地说明一些问题。

"行活儿"既然挂着一个"行家"的"行"字,总归还是有一些专业性在里面的，不能简单等同于粗制滥造；相反的，恰恰需得是有相关行业经验和技术的人，才能熟练使用这"流水线"；而生产出的作品，毫无疑问也是符合那些"成熟的工业标准"的，是"标准化"的"合格品"——然而，正因并非"粗制滥造"，"行活儿"才尤其危险。

比如在写作这件事上，一个具备一定水准的写作者，对自己作品的要求不会满足于一篇公认的"差文章"，却有可能止步于一篇"行活儿"——熟悉的题材，惯用的写法，雷同的措辞比喻；杂文的三段式，游记的流水账，公文写作般的模板……因为过于熟练，可以信手拈来，甚至会有"倚马千言"的快感。这样的文章写出来，也是平平顺顺，很难挑出毛病，是一般读者眼里的"范文"，如此快捷安全又能讨好读者的"方便创作法"，一不小心就会沉迷其中。这种"行活儿"文章和"行活儿"作者，在我们的文山稿海里，并不少见。

没错，"行活儿"有它存在的价值，在某些追求"快速""大量""稳妥"的情境之下，能迅速出手一篇有模有样的"行活儿",让旁人刮目,自己也很受用。可一旦沉迷,则难免故步自封,沉浸于自己的"安全领域",而慢慢失去了创造力,以及进行真正"创造"的勇气。这对于文学创作而言,危害尤其大,因为在这个"全民写作"的时代,留给"行活儿作家"的空间,其实已经越来越小了。

告别"行活儿",向写作的未知领域探索,苦心孤诣,寻寻觅觅,语不惊人死不休,为此消磨了精力,还要时刻面对失败的风险。这很辛苦。不过,创作的乐趣,不就在于此吗?

(2016 年 11 月 21 日)

诚意之作，慢和时间都是必须的

在倡导工匠精神的今天,其实更呼吁的是一份"不畏浮躁遮人心"的诚意与坚守,一种"百尺竿头还须进"的专注和追求。为人为文,处世行事,这份慢工里的匠心,都不可或缺。

慢工里的匠心

若要梳理一份当下中国影坛的知名导演的名录,王家卫入选应无悬念。"王家卫出品"几乎算得上影迷和业内评审的公认金字招牌,多部作品广受赞许。但除了"知名导演",王家卫另一个广为人知的标签便是"慢"。近三十年的导演生涯,只有十一部独立执导的作品面世,平均三年左右一部的出品速度,对于一众影迷来说,确是望眼欲穿的熬人的"折磨"。

但这种"低速"却是王家卫电影上乘之质的保证。

回看这些影片，几乎每部都有突破，每部都会带来新的感动和热议。当一帧帧画面从荧幕前闪过，我们能感受到演员每个肢体动作的投入用心，每幅场景切换对故事节奏的精准拿捏，每首动人旋律为角色心理的生动注脚，这背后恰是王家卫"慢工出细活"的匠心体现，是时间积淀下的传神的味道，正如王家卫所说"功夫都不是白花的，要达到一定的水准，慢和时间都是必须的"。

慢下来，相信时间的力量，在当今时代似乎是一种奢念甚至愚想。如今时代的节奏之快，变化之迅，已毋庸多言。用心用力，肯花时间地做一件事有时显得不合时宜，常常是缺乏精明的表现。听闻有的人三十天写好一部剧本，两个月拍出一部电影，这种高效确实令人惊叹。但静下心来回看这些快产的文化作品，能够给人留下深刻印象的怕是寥寥无几，遑论精品。在标准化工业生产盛行的年代，肯踏实专注地呈出一件诚意之作，更显弥足珍贵。

作为编辑，有两类作家给我留下较深印象。一类是文辞精美，写作功底扎实的优秀作家。他们的发稿频率并不高，每一篇都是苦心凝思，用心打磨的"宁馨儿"，虽耗时较久，但一旦成品，总让人眼前一亮，于编辑和读者都是一件幸事。另一类则是比较"勤奋"的作家，有时一天发来两篇，似乎日日笔耕不辍，但每篇文章都有些急就章的仓促和瑕疵，味道和意境总是差些。其实，若能将这份勤转为细心和耐心的慢，将量转化为诚心和用心的质，摒弃浮躁之气，于作品多一些务实心，于读者多一些责任感，或许一个好作家，一篇好作品就应运而生，也会给我们留下更深的印象和更久的感动。

在倡导工匠精神的今天，其实更呼吁的是一份"不畏浮躁遮人心"的诚意与坚守，一种"百尺竿头还须进"的专注和追求。为人为文，处世行事，这份慢工里的匠心，都不可或缺。

（2016 年 10 月 17 日）

常是细节动人心

今年是红军长征胜利 80 周年,我参与了一次"重走长征路"的活动,其中一处见闻给我留下较深的印象。

在广东省仁化县,有一条街叫正龙街。当地的村民介绍说,1934 年 11 月初,红军转战到城口时,曾于这里露宿。窄长潮湿的街道,阴冷的秋冬寒节,一路疲惫困倦的红军战士就地和衣而卧,只为不惊扰民众的生活。百姓看在眼里,同情与感动流露心头,主动将门板、稻草等提供给红军。第二天战士们将门板洗净、稻草扎好，还对老百姓深表谢意。当地有位叫高芳的老人曾说，红军买东西态度和气，买卖公平。一位红军司务长来买东西时还送过老人父亲一个皮匣子，军民关系很融洽。

红军离开城口不久，正龙街上忽起大火。面对敌人的围追堵截，本应迅速撤离的红军，想到百姓的生命安危，当即留下部分军队，协助百姓奋力灭火，挽救生命财产。后查实纵火者是从韶关派来侦探红军情况、诋毁红军声名的敌探，在民众的讨伐声中，红军对纵火者进行了严惩。寒夜露宿不扰民，协民灭火惩乱敌的行为，让百姓对红军队伍的认同、支持与赞可萌于心间，对共产党全心全意为人民服务的宗旨有了切身的体会。

这在漫漫长征路中实在是微不足道的一些小事，却让我和一众走访者深受感动，备受鼓舞。长征精神所承载的内容与意义有很多，但在这些小事中，我们窥到了这座精神丰碑的缩影。感动之处源于这幕历史细节的回放，恰是这种细节让高远宏伟的长征精神变得具体生动，真实可感，共情共鸣之间，心灵与思想得以无声润化。

作为编辑,我们收到过很多关于长征革命题材的文学作品。虽题材较为统一,但质量却参差不齐。细细思之,就是因为很多作品徒谈感怀,只重宏论,凌空虚蹈,缺少扎实的考据和以事动人、以小见大的创作意识。记述一段历史,传扬一种精神,接受一次洗礼,是红色革命题材创作的内有之意,只有生动真实的故事细节,才能让读者拥有发自心底的信服,进而穿越历史的风尘,体悟到震撼人心的精神伟力。没有真切丰富的历史"食材",自然无法烹饪出色香俱全、引人赞叹的红色文学盛餐,品尝起来也就寡淡无味,不忍卒食。

当然,细节绝非来自网上的搜罗,书斋的臆想,它依托于脚踏实地的创作调研,汇集于乡土民间的深入探访,用求真求实的客观来引领求多求细的丰富,让感动建立于真实的生动,让崇高树立于点滴的平凡。让读者在置身其境中感受历史的厚重和文学的灵动,这样的讲述,自会收获更广远的影响,更真心的点赞。

(2016 年 11 月 14)

典型诚可贵

在中国文联十大、中国作协九大的开幕式上,习近平总书记对中国当代文艺发展提出高屋建瓴的指导意见,真挚的期望中满含对文艺创作的理论与实践的方向指引。其中有两句话,给我印象颇深:

> 典型人物所达到的高度,就是文艺作品的高度,也是时代的艺术高度。只有创作出典型人物,文艺作品才能有吸引力、感染力、生命力。

典型人物，作为文艺场域的核心叙事载体，往往是作品是否能切中人心，成为经典的重要"法门"。之所以成为典型，不只是个性的鲜明，事例的生动，更是人物身上承载了某一时代人们社会生活的普遍性和精神气质的共通性。透过典型人物的生命历程和价值抉择，观者得以在共情中不觉观照现实的自己，无论是认同还是反思，都是一段心灵净化和思想启迪的过程。

典型人物未必一定要积极正派，很多性格复杂甚至形象负面的典型人物也给我们留下深刻的印迹。鲁迅笔下的阿Q，《儒林外史》中的范进，这些典型人物常常是我们自身性格缺陷或精神缺失的浓缩展示，震撼与可笑之余，也为我们的人生敲响了鞭策的警钟。但典型的意义，不只在惩恶，更在扬善。为世道人心注入温暖的正能量，为功利的现实投入理想的光芒，为迷茫的人群树立鲜明的旗帜，指出积极的方向，这更是塑造典型人物的价值和使命。我们聆听着英雄的故事长大，从不同英雄典型的文艺作品中，汲取充盈的精神伟力，幻想自己成为英雄的模样。一代代的英雄故事成为我们励志图强的精神源泉，丰富了我们的生命底色。

典型人物也不一定要"高大上"，很多平凡的小人物往往有着更为典型的价值光辉。来自身边的感动，常会引发更深的敬意。每年的"感动中国"年度人物评选中都不乏平凡人的身影，我们从一个个感人至深的故事中感受到爱的温情和奉献的可贵。正因为他们来自我们身边，我们更容易理解他们的平凡，也更容易尊重他们的不凡。《人民日报》副刊设立的"遇见"栏目，这个聚焦于平凡人物故事的栏目，受到读者的广泛好评。我们知道，这种生活里的"微典型"，蕴含着读者的"大感动"和"大共鸣"。

典型人物的塑造，切忌千篇一律，许多作家苦恼于没有生动的事例和创新的写法。事实上，要写好典型人物的故事，说难也难，说不难也简单。最重要的，还是要有真正深入生活、认真观察生活的慧眼和发自心底的感动。只有动过真情，才可能融情于笔端，让读者感受到深切的触动；只有深入细致地观察生活，才可能找到生动鲜活的人物素材,写出真实感人的故事细节。

用情和用心,是最简单的创作要诀,也是最可贵的真诚坚守。

(2016 年 12 月 12 日)

留住手书的味道

"幽静的妹妹，温淑的爱人／我心里永远珍藏着你纯洁的形象／如果没有了你，我的生命／所剩下的只是一片空虚和荒凉……"这是中科院院士冯端先生于1955年写给当时的未婚妻陈廉方的一首情诗。质朴的语言中包含着浓浓的深情，情侣间的缠绵与依恋落于笔端，在信笺上汩汩流淌。

令人动容的是，这种情书，冯先生痴情地为妻子陈廉方写了六十年。一甲子相知相守的温馨浪漫在一封封情书中延绵传承。陈廉方用一只大红色的小皮箱，完好地保存所有作品，沉甸甸里满是穿越岁月的爱的力量。

手写一封书信给挂念的人，或许已是一种过时的做法。这是"从前慢"的时代产物，在通信远不发达的年代，情感的传递往往需要时间的累积。当电脑、手机迅速普及，移动通信、互联网带来的便利让情感的表达变得更快、更直接。键盘的敲击、语音的传递实在比一字一画的书写更迅捷。这是技术变革为情感沟通带来的巨大改变，人们得益于此，享受于此。但无形中，告别了手书，也遗失掉一些难得的情味。

最近一档《见字如面》的节目很火。节目形式很简单，就是邀请嘉宾读信，读那些在历史上有名或无名、显见或难见的家信、情书、请愿书、慰问书。印象很深的是冯亦代和黄宗英往来的书信。二人于20世纪90年代的"黄昏恋"成为一代佳话，书信成为彼此倾吐心意、表达爱意的桥梁。冯亦代曾在信中说："一连3天收到你4封信，真使我快活。还有什么比读你的信更美妙的事呢？"读到一封牵挂的人的来信，看到熟悉亲切的字迹，读到深情的话语，感受到一字一词中渗透出的真情实感，思念也变成了一种具象的幸福。

落墨成字，不像键盘的删除键那样轻易无痕地抹去，每一笔里饱含着思虑的凝结，即使涂改也是用心的体现；下笔成文，不像一通电话那样简单省力而又无可回味，耗时劳心的书写呈现的是书写者情感的真挚与内心的重视，即使文字平淡如水却也深意绵绵。多年之后，这些泛黄的信纸成了我们回忆的凭借，重温那些久违亲切的话语，重见那些专属一人的字迹，自会有难以言说的情感滋味萦绕心头。

在电子通信如此发达的时代，书信承载的情感厚度和生命体验依旧无法被代替。一封手书，不仅是信息的传递，而且是一种个人情感的深沉表达。人们征集手边家书的活动，找寻旧有的家书，书写新时代的家书，分享家书的感怀，为的就是留住这种弥足珍贵的质朴情感与生命感悟的动人表达。诚如一篇文章所说"信纸上的白纸黑字，在我心中深深地烙下一个个印记，无论风雨的冲刷,还是岁月的洗礼,都无法将书信的内容磨灭"。留住这种表达,留住那些让我们难忘难舍的生命印记,也是留住我们珍视的真情记忆。

(2017年2月20日)

轻笔的力量

不久前,《文汇报》刊发了一篇莫言新作《马的眼镜》。这是莫言自2012年获得诺贝尔文学奖后的首篇散文作品。文章用生动的笔触,回忆了作者在解放军艺术学院学习期间,吴小如先生授课的点点滴滴,质朴的文字里满含着对恩师的深情。

印象最深的,是文章结尾的对话。莫言对吴先生始终怀有歉疚,歉疚于当年偌大的教室里只有五人来上课,歉疚于自己故意将《庄子·马蹄》篇中"月题"的注释刻成"马的眼镜",只为"引逗同学发笑",借此发泄让自己刻版油印的不满。若干年后与老师重逢,向老师重提往事,吴先生却只回答了声"噢";当说到自己当年故意把"月题"解释成"马的眼镜"的事时,吴先生借用身旁经过的穿毛衣的小狗,云淡风轻却又意味深长地回一句"狗穿毛衣寻常事,马戴眼镜又何妨"。

积压在作者心中多年的歉疚之事,在老师心中似乎早已稀释忘却,但不知怎的,这段看似轻松的描写让我丝毫感觉不到轻松,反倒萌生一种五味杂陈的沉重,不知道莫言当时是否也有同感。浅白甚至略有调侃的对话,隐含着令人难以言说的情感余味,以至于我们无法判断,吴老师是否真的忘却了这些事,仿佛往事如烟却又未必如烟,让人久久不能平静。

这正是轻笔的力量。用轻笔诉深情,往往有着更动人的力量。

不禁想起冯骥才的一个短篇小说《高女人和她的矮丈夫》。文章的结尾,高女人去世,矮丈夫一个人生活。冯骥才并没有刻意着墨描写矮丈夫失去妻子后多么的痛苦哀伤，只是在结尾处淡淡地写道："逢到下雨天气，矮男人打伞去上班时，可能由于习惯，仍旧高举着伞。这时，人们有种奇妙的感觉，觉得那伞下好像有长长一块空间，空空的，世界上任什么东西也填补不上。"

我相信这段看似很"轻"的细节描写，足以戳中每一位读者的心。矮丈夫对妻子的思念与爱意有多么的深沉，这段"轻描淡写"都精准有力地传递出，任何用力的描绘都显得多余。

作为编辑，我们会收到很多记述情感、抒发情感的作品，很多文章的故事本已很好，但往往因为作者在情感表达上用力过猛、刻意求"重"，反倒过犹不及，使整篇文章意境尽失，张力全无，沦为平庸之作；很多发自内心的真情实意，就因为过于直白的宣泄表达、过于急切的"直抒胸臆"，反倒有了装饰矫作之感。

越是深沉的情感，有时越需要通过轻淡的笔触来传递，看似落得很轻，其实点得很实，这会为读者留下更多回味的余地。言有尽而意无穷，"四两拨千斤"是也。

（2017 年 4 月 10 日）

让口味杂一点

常听人说,出差在外,最头痛的,莫过于"吃不惯"。

比如到内蒙古、新疆出差,可你偏偏不喜欢吃牛羊肉,这就要"遭殃"了。别人拿着肉串吃得不亦乐乎,你就只能干瞪眼煮泡面。比如你不喜欢吃辣,恰好要到四川、重庆等地公干,大街小巷都是热辣扑鼻的香气,你只能去超市买些面包香肠充饥。祖国大江南北,口味驳杂各异,这种"吃不惯",很多时候就成为你人生旅途中不大不小的羁绊。

因此刚工作时,一位媒体前辈就告诉我,做编辑记者,适应各种口味、通吃天南海北是一项基本功,要"让口味杂一点"。

前辈所说的"让口味杂一点",是希望我练就适应不同生活环境的本事。但这几个字在心中盘旋久了,总会生发些新的感触——为人为文,想咀嚼出生活的妙味,写出有意趣、有内容的好文章,杂一点的口味怕更是不能或缺。

这不禁让我想起了汪曾祺。这个喜欢人间草木、感觉灯火可亲的作家,写出的文章总是亲切动人,满含生活的趣味。他写北京的胡同,写昆明的茶馆,写故乡的炒米,写端午的鸭蛋,写西南联大金岳霖、闻一多等大师的风姿,写承志桥南三教九流、民间艺人的绝活风采。他的文字总会让你品咂出凡常生活中隐秘的乐趣和味道,而你也会惊讶,为什么他能观察那么细,知道那样多。他说一个人的口味要宽一点、杂一点,南甜北咸东辣西酸都去尝尝。"最要紧的是对生活的兴趣要广一点。"

所以，听多了流行音乐，不妨听听古典音乐、民歌乐曲，那悠扬抒情、空灵婉转的旋律或许会打开你别样的情感世界；看多了青春文学，不妨读一些古文诗词，同样是点点滴滴的青春愁绪，或许有另一番唯美古雅的表述唤起你由衷的欣赏与共鸣。

让口味杂一点，培养的是我们对生活的新鲜感，多一些见识的积淀，也会多一些通透的灵感。常听一些作者抱怨，写不出文章是因为没有灵感。殊不知，这灵感很多时候正是博闻广识之后融会贯通下的产物。没有丰富的见闻，缺乏足够多彩的生活体验，生憋硬熬自然难有好思路、好灵感。前不久张艺谋接受采访时说，拍电影，执导奥运会开幕式，执导《对话·寓言2047》全新观念演出，就是希望自己的"面"宽一点。艺术是相通的，多一些表演形式的尝试，可以更好地开拓自己的思路，激发自己的灵感。口味杂一点，兴趣广一点，见识多一点，奇思妙想就更容易涌现，令人称赞的好故事、好文章也容易流淌出来。

当然口味杂不是排斥"专"，更不是提倡浅尝辄止或蜻蜓点水。"杂"是保持对世间万物好奇、包容的态度，只有懂的越多，了解的领域越多，你才能发现最爱什么，最擅长什么，进而钻进去，潜进去。酸甜苦辣咸都尝过，你才知道最喜欢的味道是哪个；诗词歌赋都接触过，你才好说最喜欢的传统文体是什么。正因为有了"杂"，"专"才会显得有意义、有价值。

古人云："博观而约取，厚积而薄发。"如果真想要约取、薄发出好作品，不妨先让自己的口味杂一点吧。

（2017 年 6 月 26 日）

后 记

董小酷

编辑这一行,工作都在幕后。

说心里话,当初策划推出"编辑丛谈"这个小栏目时,我们心里是犯嘀咕的。毕竟,这么一来,就等于亮了相。

因为当编辑,挑剔的毛病成了值得骄傲的职业习惯,强迫症的惯性更被称作一个好编辑的必备素质。带着这样的职业标签亮相,担心有被咬文嚼字的读者拍砖的风险。再说,编辑的工作,应该是"默默"的,组稿、约稿、编稿,即便与作者沟通,也是围绕文章、为了文章。文章之外,是不应该"看到"编辑的,更不要说跟读者如此"亲密接触"了。

每一行干久了,都会有"职业病"。编辑也不例外。我们最明显的病征就是容易吐槽,各种吐槽,心底波澜被眼前各样文字激活,从语言、文字、细节、引文,到结构、逻辑、故事、主题,文章内外,人世百态,槽点不断。然而,谁能真正懂得编辑的心呢?吐槽的背后,其实都有"执念"。编辑的"执念",就是总向往完美,总放不下对理想之境的追逐。对好文章的渴望,对咬文嚼字的永不放弃,这热烈的小火苗,从不曾在编辑心中熄灭。

于是便有了要不要写点什么的冲动,有了在编读之间"谈"点什么的欲望。好在有领导支持,前辈鼓励,"编辑丛谈"就这样大着胆子"开张"了。

每次统完版面稿子,我最期待的,就是看看小伙伴儿们将要"谈"些什么,那些来自日常的话题,每每带给我沙滩拾到珍贝的喜悦,仿佛阵阵微风拂面,心情也跟发梢一样轻轻扬起。那一刻,我确定地感到,编辑的思绪,应该有这样的一个梳理和记录,没有大道理,有的只是日常的细水微光。而日常最可贵,它倏忽即逝,光亮如萤火,每一闪都是一次小宇宙的爆发,不捕捉即浪费。

没想到这一小片"自留地"的出现,引来了读者的热情关注。通过各种渠道的留言,我们感受到某种"戏里"和"戏外"、"生活"与"艺术"融会交集,相互映照后的崭新认知。在屏幕的另一端,我们仿佛看到一张张亲切生动的面孔,看到一幅幅草长莺飞的景象,那正是读者诸君帮我们重新抵达精神的生长之地,如春风拂掠,杂花生树。

感恩。

此刻,这一小册编辑的碎布头终于拼在了一起。毫无疑问,它拼不出织锦,也裁不成衣衫,这些零星的感悟与思索,只是对文学与生活的小小一瞥。也许它与周遭的阔大现实有那么一点点勾连呼应,也许它只是平凡日子里一些幽微细碎的感怀,但,我们愿意让这份"执念"推着,向前,向前。

感谢读者。感谢文字。

(2017年秋 北京金台园)

精品栏目荟萃

《副刊面面观》（李辉 编）

《心香一瓣》（虞金星 编）

《纽约客闲话精选集 一》（刘倩 编）

《多味斋》（周舒艺 编）

《文艺地图之一城风月向来人》（孙小宁 编）

《书评面面观》（李辉 编）

《上海的时光容器》（伍斌 编）

《谈艺录》（刘炜茗 编）

《问学录》（刘炜茗 编）

《名人之后》（沈秀红 编）

《纽约客闲话精选集 二》（刘倩 编）

《编辑丛谈》（董小酷 编）

《本命年笔谈》（严建平 编）

《国宝华光》（徐红梅 吴艳丽 编）

《半日闲谭》（董宏君 编）

《云泥鸿爪一枝痕》（王勉 编）

个人作品精选

《踏歌行》（陈娉舒）

《家园与乡愁》（李汉荣）

《我画文人肖像》（罗雪村）

《茶事一年间》（何频）

《好在共一城风雨》（胡洪侠）

《从第一槌开始》（剑武）

《碰上的缘分》（王渝）

《抓在手里的阳光》（刘荒田）

《阿Q正传》（鲁迅）

《风吹书香》（冻凤秋）

《书犹如此》（姚峥华）

《泥手赠来》（黄德海）

《住在凉山上》（何万敏）

《老解观象》（解玺璋）

《犄角旮旯天津卫》（林希）

《歌剧幕后的故事》（薛维）

《色香味居梦影录》（姜威）

《走读生》（李福莹）

《回家》（朱永新）

《武艺十八般》（萧乾）

《一味斋书话》（熊光楷）

《收藏是一种记忆》（剑武）